Ensino de gramática:
reflexões sobre a língua portuguesa na escola

COLEÇÃO LÍNGUA PORTUGUESA NA ESCOLA

Alexsandro Silva
Ana Cláudia Pessoa
Ana Lima
(Organizadores)

Ensino de gramática:
reflexões sobre a língua portuguesa na escola

autêntica

Copyright © 2012 Os organizadores
Copyright © 2012 Autêntica Editora

CONSELHO EDITORIAL DA COLEÇÃO LÍNGUA PORTUGUESA NA ESCOLA
*Ana Teberosky (Universidad de Barcelona); Anne-Marie Chartier (INRP/Paris);
Artur Gomes de Morais (UFPE); Cancionila Janzkovski Cardoso (UFMT);
Ceris Salete Ribas da Silva (UFMG); Edmir Perrotti (ECA/USP);
Telma Ferraz Leal (UFPE)*

CAPA
Alberto Bittencourt

EDITORAÇÃO ELETRÔNICA
Conrado Esteves

REVISÃO
Lílian de Oliveira

EDITORA RESPONSÁVEL
Rejane Dias

Revisado conforme o Acordo Ortográfico da Língua Portuguesa de 1990, em vigor no Brasil desde janeiro de 2009.

Todos os direitos reservados pela Autêntica Editora. Nenhuma parte desta publicação poderá ser reproduzida, seja por meios mecânicos, eletrônicos, seja via cópia xerográfica, sem a autorização prévia da Editora.

AUTÊNTICA EDITORA LTDA.

Belo Horizonte
Rua Aimorés, 981, 8º andar . Funcionários
30140-071 . Belo Horizonte . MG
Tel.: (55 31) 3214 5700

Televendas: 0800 283 13 22
www.autenticaeditora.com.br

São Paulo
Av. Paulista, 2.073, Conjunto Nacional, Horsa I
11º andar, Conj. 1101 . Cerqueira César
01311-940 . São Paulo . SP
Tel.: (55 11) 3034 4468

Dados Internacionais de Catalogação na Publicação (CIP)
Câmara Brasileira do Livro, SP, Brasil

Ensino de gramática : reflexões sobre a língua portuguesa na escola / Alexsandro Silva, Ana Cláudia Pessoa, Ana Lima (organizadores) — Belo Horizonte : Autêntica Editora, 2012.
(Coleção Língua Portuguesa na Escola, 2)

ISBN 978-85-65381-11-6

1. Português - Gramática - Estudo e ensino I. Silva, Alexsandro. II. Pessoa, Ana Cláudia. III. Lima, Ana. IV. Série.

12-02014   CDD-469.507

Índices para catálogo sistemático:
1. Gramática : Português : Estudo e ensino 469.507
2. Língua portuguesa : Gramática : Estudo e ensino 469.507

Sumário

7 Apresentação

11 Capítulo 1
Ensino de análise linguística: situando a discussão
Lívia Suassuna

29 Capítulo 2
Ensino de gramática e trabalho
com textos: atividades compatíveis
Ana Lima, Beth Marcuschi e Cristina Teixeira

47 Capítulo 3
A análise linguística e sua relação
com a produção textual
Abda Alves de Souza e Sirlene Barbosa de Souza

67 Capítulo 4
Revisão textual e ensino de análise linguística
nos anos iniciais do ensino fundamental
Renata Maria Barros Lessa de Andrade,
Ana Gabriela de Souza Seal e Telma Ferraz Leal

91 Capítulo 5
O ensino da paragrafação
na perspectiva dos gêneros textuais
Leila Nascimento da Silva e Telma Ferraz Leal

113   Capítulo 6

**Ensino de classes de palavras:
entre a estrutura, o discurso e o texto**

*Danielle da Mota Bastos, Hérica Karina Cavalcanti de Lima
e Sulanita Bandeira da Cruz Santos*

133   Capítulo 7

A aprendizagem e o ensino da pontuação

Alexsandro Silva

153   Capítulo 8

Ensino da ortografia

Ana Cláudia Rodrigues Gonçalves Pessoa

167   Os autores

Apresentação

O ensino de língua materna tem sido organizado, de modo geral, a partir dos eixos didáticos "leitura de textos", "produção de textos escritos", "linguagem oral" e "análise linguística". Nesta obra, são apresentadas ao leitor reflexões sobre o eixo do ensino de língua que, atualmente, tem sido denominado "análise linguística". Esse eixo inclui o "ensino de gramática", mas não se limita a ele, como se pode ver ao longo deste livro.

Desde as últimas décadas do século passado, o ensino de gramática centrado em exercícios estruturais de identificação e classificação de unidades linguísticas abstratas e na transmissão de regras da gramática normativa tradicional, muitas delas distantes dos atuais usos linguísticos dos brasileiros, tem sido alvo de inúmeras críticas. Tais críticas surgiram porque um ensino assim configurado não favorecia o tão almejado desenvolvimento das competências de compreender e produzir textos de diferentes gêneros, orais e escritos.

Ancorados em uma concepção de linguagem não apenas como sistema ou instrumento de comunicação, mas, sobretudo, como forma de interação social, assumimos a "análise linguística" como um dos eixos do ensino de língua, que engloba não apenas os conhecimentos relativos à norma linguística de prestígio social, mas também aqueles que se relacionam ao texto e ao discurso. Nessa perspectiva, entendemos que a "análise linguística" não constitui mais um eixo de ensino, isolado dos demais, mas, sim, uma ferramenta a serviço, principalmente, da formação de alunos leitores e produtores de textos.

Os autores dos capítulos que compõem esta obra não defendem nem uma volta ao antigo ensino de gramática, nem, tampouco, uma ausência de metas em relação ao eixo da análise e reflexão sobre a língua, mas uma reconceitualização do que conhecemos como "aulas de gramática". Tal reconceitualização passa, necessariamente, por uma revisão não apenas de "o que" e "como" ensinar, mas, principalmente, de "por que" e "para que" ensinar.

Ao longo dos textos, o leitor terá a oportunidade de dialogar com os autores sobre alguns temas relacionados ao que designamos de "análise linguística", como o conceito de análise linguística, a relação entre texto e gramática, a revisão textual e o ensino de paragrafação, pontuação, ortografia e classes de palavras.

O capítulo 1, "Ensino de análise linguística: situando a discussão", apresenta ao leitor a concepção de análise linguística proposta nesta obra. A autora salienta que a proposta de ensino de análise linguística se contrapõe a uma prática tradicional de ensino de conteúdos gramaticais isolados. Nessa perspectiva, a gramática é entendida como um conjunto de fenômenos produtivos da linguagem, os quais são passíveis de descrição, reflexão e uso por parte dos usuários.

Nesse cenário, o texto passa a constituir a principal unidade de estudo e de ensino da língua, porém alguns professores entendem, equivocadamente, que, nessa visão, não existe mais espaço para o ensino da gramática. Diante dessa questão, as autoras do capítulo 2, intitulado "Ensino de gramática e trabalho com textos: atividades compatíveis", têm como objetivo levar o leitor a compreender o papel que a gramática tem nas aulas de língua materna, além de discutir que é possível um trabalho com a dimensão gramatical, tendo como foco o texto.

Na mesma perspectiva, o capítulo 3, cujo título é "A análise linguística e sua relação com a produção textual", enfatiza que as mudanças ocorridas em relação à concepção e aos objetivos do ensino da língua portuguesa na escola passaram a se refletir na necessidade de se investir em um ensino dos "conhecimentos linguísticos" articulados à leitura e à produção de textos escritos. Este capítulo objetiva, de forma específica, discutir o trabalho da análise linguística atrelado ao ensino da produção de textos escritos, além de refletir sobre como as mudanças de concepção têm influenciado as práticas docentes de professores que lecionam nos anos iniciais do ensino fundamental.

Ainda discorrendo sobre a produção de textos escritos e a análise linguística, o capítulo 4, "Revisão textual e ensino de análise linguística nos anos iniciais do ensino fundamental", propõe uma discussão sobre a revisão de textos escritos, tentando evidenciar o quanto o ensino da análise linguística pode (e deve) ser vinculado ao ensino de produção de textos. As autoras defendem que o momento da revisão textual é propício para desenvolver habilidades de análise linguística dos textos escritos, bem como para refletir sobre os sentidos do texto. Porém, o ensino de análise linguística não deve ser restrito apenas às situações de revisão textual, mas incluir também momentos específicos de sistematização.

No capítulo 5, "O ensino da paragrafação na perspectiva dos gêneros textuais", as autoras apresentam a necessidade da presença da análise linguística nas aulas de língua portuguesa já nos primeiros anos do ensino fundamental, mas com enfoque nos elementos da língua que ajudarão os alunos a serem leitores e produtores de textos mais autônomos, experientes. Por entenderem que a paragrafação é uma estratégia para constituição de sentidos no texto, as autoras têm o objetivo de levar o professor a refletir sobre o conceito da paragrafação e sobre os modos como as crianças paragrafam seus textos, além de apontarem implicações para o ensino.

O capítulo 6, intitulado "Ensino de classes de palavras: entre a estrutura, o discurso e o texto", tem como objetivo refletir sobre o ensino de língua numa perspectiva sociodiscursiva, com base na análise da prática de um professor de ensino médio em relação ao ensino de uma categoria gramatical. As autoras partem do pressuposto de que um ensino mais significativo de língua, com base nas classes gramaticais, deve privilegiar o conhecimento de como cada classe de palavras atua na organização e produção de textos, contribuindo para ampliar a compreensão e produção textual do aprendiz em diferentes gêneros textuais. Deve servir também para lhe assegurar a exploração das diversas possibilidades combinatórias das palavras na construção de sentido do texto.

Além da paragrafação, discutida no capítulo 5, o uso adequado da pontuação também é importante para a constituição de sentidos no texto. Por essa razão, também deve ser objeto de ensino tanto nos momentos de produção/revisão de texto como em situações específicas de sistematização em sala de aula. Nesse sentido, o capítulo 7, "A aprendizagem e o ensino da pontuação", convida o professor a refletir sobre o ensino e a aprendizagem desse objeto de conhecimento.

Por fim, o capítulo 8, "Ensino da ortografia", discute o ensino da norma ortográfica nos anos iniciais do ensino fundamental, levando em consideração a forma como as informações sobre a ortografia são processadas pelos alunos. O trabalho com esse objeto de conhecimento está pautado na visão de que o aprendiz reelabora continuamente as informações sobre a escrita correta das palavras. Desse modo, é importante que o professor desenvolva atividades que levem o aluno a refletir sobre as regras ortográficas, além de levá-lo a compreender que outras questões ortográficas dependem de memorização.

Não pretendendo esgotar a discussão sobre um tema ainda tão polêmico e marcado por conflitos, a obra que apresentamos ao leitor visa contribuir para ampliar o debate acerca da análise e reflexão sobre a língua na escola como ferramenta a serviço da formação de sujeitos que consigam usar a língua com adequação em diferentes espaços sociais. Com essa perspectiva, convidamos você a iniciar a leitura de nossa obra.

Os organizadores

Capítulo 1

Ensino de análise linguística: situando a discussão

Lívia Suassuna

Explorar as potencialidades da flexão da língua sobre si própria representa [...], para o sujeito falante, a via por excelência para uma (re)flexão que lhe propicia o contato com a espessura cultural da língua, espessura tecida das marcas que nela deixa o uso. Mais do que veículo de cultura, a língua é matriz de cultura. O homem usa-a, mas, em certo sentido, é também usado por ela.

(Fernanda Irene Fonseca)

Análise linguística – a origem do termo

O termo *análise linguística* (AL) apareceu nos debates sobre o ensino de língua portuguesa em 1981, quando o professor e pesquisador João Wanderley Geraldi, da Universidade Estadual de Campinas (UNICAMP), publicou o texto "Subsídios metodológicos para o ensino de língua portuguesa", no qual propunha uma metodologia de trabalho com a língua materna em sala de aula que articulasse três práticas: a leitura, a produção de textos e a análise linguística. Esse texto figurou no periódico *Cadernos da FIDENE* (n. 18, 1981).

Em seguida, o texto foi ligeiramente modificado – sofreu alguns recortes, ganhou notas de rodapé e passou a se chamar "Unidades básicas do ensino de português" – e publicado outra vez numa coletânea que tinha Geraldi como organizador e que se intitulava *O texto na sala de aula: leitura e produção*. A coletânea foi editada em 1984 pela Assoeste (Associação dos Secretários Municipais de Educação do Oeste do Paraná) e teve algumas reedições até que, em 1997, foi assumida pela Editora Ática (São Paulo) e seu título foi reduzido, passando a ser apenas *O texto na sala de aula*.

Ao detalhar a metodologia inicialmente proposta para o ensino de língua portuguesa, Geraldi (1997b) sugeriu que, no interior de uma concepção sociointeracionista de linguagem,[1] ao lado da leitura e da escrita, fosse feito um trabalho de análise linguística (também chamado de metalinguagem ou reflexão metalinguística), que teria as seguintes características:

a. nasceria da propriedade que tem a linguagem de referir-se a si própria;

b. estaria baseada na capacidade que todo falante tem de refletir e atuar sobre o sistema linguístico;

c. seria praticada, primordialmente, a partir da escrita do aluno, num processo de revisão e reescrita textual, o qual exige uma tomada de consciência dos mecanismos linguísticos e discursivos acionados quando do uso da linguagem;

d. teria um sentido mais amplo do que aquele já associado ao termo *gramática*, uma vez que daria conta de processos e fenômenos enunciativos, e não apenas de ordem estrutural.

Retomemos as palavras do próprio Geraldi (1997b, p. 73-74) ao tecer considerações de ordem geral sobre o que seria a análise linguística:

• a análise linguística que se pretende partirá não do texto "bem escritinho", do bom autor selecionado pelo "fazedor de livros didáticos".

---

[1] Em linhas gerais, a concepção sociointeracionista toma a linguagem como uma prática social/discursiva realizada entre sujeitos e em contextos sócio-históricos específicos. Desse modo, acredita-se que essa prática não é neutra e que, por meio dela, não apenas falamos, mas também nos constituímos e agimos socialmente.

Ao contrário, o ensino gramatical somente tem sentido para auxiliar o aluno. Por isso partirá do texto dele;

- [...] fundamentalmente, a prática de análise linguística deve se caracterizar pela retomada do texto produzido na aula de produção [...] para reescrevê-lo no aspecto tomado como tema da aula de análise;
- [...] fundamenta essa prática o princípio: "partir do erro para a autocorreção".

Em duas notas de rodapé constantes da página 74, diz ainda o autor:

- O uso da expressão "prática de análise linguística" não se deve ao mero gosto por novas terminologias. A análise linguística inclui tanto o trabalho sobre questões tradicionais da gramática quanto questões amplas a propósito do texto, entre as quais vale a pena citar: coesão e coerência internas do texto; adequação do texto aos objetivos pretendidos; análise dos recursos expressivos utilizados (metáforas, metonímias, paráfrases, citações, discursos direto e indireto, etc.); organização e inclusão de informações, etc. Essencialmente, a prática de análise linguística não poderá limitar-se à higienização do texto do aluno em seus aspectos gramaticais e ortográficos, limitando-se a "correções". Trata-se de trabalhar com o aluno o seu texto para que ele atinja seus objetivos junto aos leitores a que se destina.
- O objetivo essencial da análise linguística é a reescrita do texto do aluno. Isso não exclui, obviamente, a possibilidade de nessas aulas o professor organizar atividades sobre o tema escolhido, mostrando com essas atividades os aspectos sistemáticos da língua portuguesa. Chamo atenção aqui para os aspectos sistemáticos da língua e não para a terminologia gramatical com que a denominamos. O objetivo não é o aluno dominar a terminologia (embora possa usá-la), mas compreender o fenômeno linguístico em estudo.

Isso posto, salientamos, então, que a análise linguística se constitui, desde a sua concepção, como alternativa à prática tradicional de conteúdos gramaticais isolados, uma vez que se baseia em textos concretos e com ela se procura descrever as diferentes operações de construção textual, tanto num nível mais amplo (discursivo) quanto num nível menor (quando se toma como objeto de estudo, por exemplo, uma questão ortográfica ou mórfica).

Análise linguística e gramática são a mesma coisa?

Caberia, então, perguntar agora se análise linguística e gramática são a mesma coisa. Essa questão já foi rapidamente tratada acima. Diríamos que, em parte, sim. Mas isso vai depender do que entendemos por *gramática* e do que entendemos por *análise linguística*.

Talvez a melhor ideia seja a de que a análise linguística é uma prática mais ampla que inclui a gramática; ou seja, diante de um texto, podemos eleger como questão de estudo – dependendo das finalidades do ensino e dos conteúdos envolvidos – o uso de SS em vez de S. Isso, obviamente, não depende do texto como um todo, nem de seu caráter sociodiscursivo, mas do ambiente fonético e das convenções, regras e regularidades/irregularidades ortográficas envolvidas. Então, essa questão pode ser considerada gramatical, pois diz respeito estritamente à estrutura da língua, ao sistema ortográfico do português (o que, saliente-se, não a torna uma questão menor).

Por outro lado, se estamos tentando compreender por que o autor de um texto optou por escrevê-lo em primeira ou em terceira pessoa, e que relações isso tem com as características dos personagens ou do locutor, ou mesmo com a esfera discursiva em que o texto circula, ou, ainda, com os compromissos que se quer estabelecer com o que se diz e com o interlocutor, estamos diante de uma questão discursiva, a qual, necessariamente, remete-nos à exterioridade constitutiva do texto (locutor, interlocutor, cena enunciativa, *ethos*, intenções etc.).

Sugeriu Geraldi, no texto "Ensino de gramática x reflexão sobre a língua" (1996), que a diferença entre uma coisa e outra tem a ver com uma atitude de ensino-aprendizagem de língua na escola, com um enfoque reflexivo que se pode conferir ao ensino gramatical.

Estudos recentes que desenvolvemos sobre o tema (SILVA; SUASSUNA, 2011; SANTOS; SUASSUNA, 2011) evidenciaram que a grande diferença entre professores que praticam a análise linguística e aqueles cujo trabalho remete mais ao modelo tradicional está na possibilidade de os alunos se defrontarem com questões e fenômenos linguísticos/ discursivos à medida que mobilizam seus conhecimentos (resultantes ou não do processo de escolarização) para descrevê-los e explicá-los.

Vale aqui citar novamente Geraldi (1996, p. 136):

> [...] mais do que encontrar uma resposta, o que vale na reflexão sobre a língua é o processo de tomá-la como objeto. As tentativas, os acertos e os erros ensinam muito mais sobre a língua do que o estudo do produto de uma reflexão feita por outros, sem que se atine com as razões que levaram à reflexão que se estuda.

E a posição de Geraldi pode ser complementada pela de Franchi (1987, p. 21):

> Interessa pouco descobrir a melhor definição de substantivo ou de sujeito ou do que quer que seja. No plano em que se dá a análise escolar, certamente não existem boas definições. [...]. Mas interessa, e muito, levar os alunos a operar com a linguagem, rever e transformar seus textos, perceber nesse trabalho a riqueza das formas linguísticas disponíveis para suas mais diversas opções. Sobretudo quando, no texto escrito, ele necessita tornar muitas vezes conscientes os procedimentos expressivos de que se serve. Com isso, parece-me, reintroduz-se na gramática o seu aspecto criativo: o que permite ao falante compreender, em um primeiro passo, os processos diferenciados de construção das expressões para, depois, um dia e se for o caso, construir um sistema nocional que lhe permita descrever esses processos, falar deles, em uma teoria gramatical.

Em suma, o fundamental no estudo da gramática/análise linguística é contemplar a variedade de recursos expressivos postos à disposição do falante/escritor para a construção do sentido. Gramática é, para Franchi (1987), o estudo das condições linguísticas da significação. É uma resposta sistemática e explícita à questão fundamental de por que e como as expressões das línguas naturais significam tudo aquilo que significam. E nesse sentido podemos, sim, tomar como equivalentes os termos *gramática* e *análise linguística*.

Atividades linguística, epilinguística e metalinguística

No interior do debate sobre o ensino de análise linguística, há uma distinção que convém apresentar aqui: aquela entre atividade linguística, epilinguística e metalinguística. O termo *atividade linguística* remete à atividade de linguagem propriamente dita, ou seja, aos usos que fazemos da língua; como disse Franchi (1987), ela nada mais é do que o exercício pleno, circunstanciado, intencionado e com intenções significativas da própria linguagem. Essa atividade se dá, segundo o autor, nas circunstâncias cotidianas da comunicação no âmbito da família e da comunidade. Daí que a escola, na continuidade desse processo, deve se tornar um espaço de rica interação social, no qual se criem condições para o exercício do saber linguístico dos alunos, da gramática que já interiorizaram ao longo dos incontáveis processos de intercâmbio verbal de que já participaram.

Já a *atividade epilinguística* diz respeito a uma capacidade que todo falante tem de operar sobre a linguagem, fazendo escolhas, avaliando os recursos expressivos de que se utiliza, fazendo retomadas, corrigindo estruturas etc. Saliente-se que essa ação é fortemente marcada pela intuição e se constitui numa das bases – se não a principal – da gramática internalizada de cada falante. Franchi (1987) comenta que a escola, por meio da atuação do educador, deve ser também um espaço de vivência de situações mais específicas de linguagem, no qual façam sentido a escrita, a descrição, a argumentação, assim como os instrumentos verbais da cultura contemporânea (jornal, livro, literatura, relatório etc.). Defende o autor que no espaço escolar devem ser criadas as condições para o desenvolvimento de recursos expressivos mais variados, que supõem a escrita, o exercício profissional, a participação na vida social e cultural. Assim, desde cedo os alunos já podem ser conduzidos a diversificar os recursos com que falam e escrevem, operando sobre sua própria linguagem, praticando a diversidade dos fatos gramaticais de sua língua. É aí, diz ele, que começa a se intensificar uma prática presente já na aquisição da linguagem, de construção de objetos linguísticos mais complexos e de levantamento de hipóteses relativas à estrutura da língua (nesse caso, não se pode dizer que se faz gramática no sentido de um sistema de noções descritivas).

Franchi julga que o professor é o mediador que orienta e multiplica essas atividades, tanto mais profícuas quanto mais permitam a participação, a contribuição, a crítica, a escolha. A atividade epilinguística, sem dúvida, liga-se à atividade linguística, à produção e à compreensão de textos; nem sempre se trata de aprender novas formas de construção e transformação de expressões: no mais das vezes, o que ocorre é que se torna operacional e ativo um sistema ao qual o aluno já teve acesso em ambientes extraescolares, em situações comuns de interação pela linguagem. Mas é justamente isso que vai abrir as portas para um trabalho de sistematização gramatical.

No texto de 1996, Geraldi lamenta que as atividades de ensino de gramática levadas a efeito pela escola não constituem, como seria desejável, a continuidade dessa atividade epilinguística. Além disso, as análises constantes das gramáticas tradicionais que inspiram os conteúdos ensinados são respostas dadas a perguntas que os alunos, enquanto falantes da língua, sequer formularam; por isso, muitos conteúdos e teorias gramaticais nada lhes dizem (GERALDI, 1996).

Com relação à *atividade metalinguística*, consideramos aqui que essa seria exatamente a atividade a se desenvolver na escola nas aulas de língua portuguesa. Ela se assemelha à atividade epilinguística, mas a ultrapassa e desta se diferencia porque é uma ação que:

a. se pratica de modo consciente;

b. se desenvolve sistematicamente;

c. exige uma taxonomia;

d. resulta em teorias sobre a linguagem.

Por meio das atividades de reflexão metalinguística, o professor levaria os alunos a se confrontar com determinados fenômenos e usos da linguagem, estimulando-os a mobilizar suas capacidades linguística e epilinguística, com vistas à explicitação de conhecimentos e à produção de explicações para os fenômenos estudados. Porque, como diz Geraldi (1995): com a linguagem, nós não só falamos sobre o mundo, mas também falamos sobre o modo como falamos sobre o mundo.

E qual seria a vantagem de conduzir o aluno à produção de conhecimentos de nível metalinguístico, quando ele já interage de modo bem-sucedido sem que, necessariamente, tenha consciência do que faz quando usa a língua? A explicação para isso é que, refletindo de modo sistemático e consciente, produzindo teorias com base em situações diversificadas de emprego da linguagem, o aluno vai progressivamente construindo um corpo de conhecimentos amplo e consistente que lhe assegura autonomia e capacidade de lidar com a linguagem em situações novas.

Também adepto da gradação que vai do linguístico para o metalinguístico, Franchi (1987) afirma que é somente sobre fatos relevantes de língua (entendendo *relevantes* como *carregados de significação*) que os alunos, nas aulas de gramática, podem formular hipóteses sobre a natureza da linguagem e o caráter sistemático das construções linguísticas, podendo, ao final, falar da linguagem, descrevê-la em um quadro nocional intuitivo ou teórico (atividade metalinguística). O saber gramatical deriva, pois, de "uma larga familiaridade com os fatos da língua, como decorrência de uma necessidade de sistematizar um saber linguístico que se aprimorou e que se tornou consciente" (p. 42). E, lembra o autor, sem perdermos de vista a questão fundamental da significação, "não somente no sentido de uma representação do mundo, mas no sentido também de uma ação pela linguagem sobre os interlocutores, dependente do modo e estilo com que nos servimos dela e de seus múltiplos recursos de expressão" (p. 42).

É possível relacionar o que foi dito até aqui sobre as atividades linguística, epilinguística e metalinguística às distinções estabelecidas por Possenti (1997) entre três diferentes conceitos de gramática e de língua. Diz o autor que o termo "gramática" pode ser entendido:

a. como conjunto de regras que devem ser seguidas;

b. como conjunto de regras que são seguidas;

c. como conjunto de regras que o falante domina.

Estaríamos, então, falando, respectivamente, de gramática *normativa*, *descritiva* e *internalizada*. Possenti relaciona esses três tipos de gramática com três concepções de língua. No primeiro caso, o termo *língua* recobre apenas uma das variedades linguísticas usadas efetivamente por uma comunidade; é a chamada *língua padrão* ou *norma culta*, que serve de modelo para se considerarem as outras formas de falar como erradas ou não pertencentes à língua.

No segundo caso, temos a visão de língua como um *construto teórico*, necessariamente abstrato e homogêneo. O autor considera que a gramática descritiva também é excludente em relação a certos fenômenos da língua, não tanto por só incluir partes dela, mas por incluí-las de um certo modo. De acordo com Possenti, nunca se sabe se os construtos das gramáticas descritivas representam o maior conteúdo empírico possível e até que ponto são restritivos em relação aos fenômenos propriamente ditos. Seja como for, é fato que gramáticas descritivas não avalizam nenhum preconceito contra qualquer tipo de língua ou qualquer de suas variedades.

No terceiro caso, a língua seria o *conjunto das variedades* utilizadas por uma comunidade linguística, reconhecidas como heterônimas, isto é, formas diversas entre si, mas pertencentes à mesma língua. Possenti destaca que a propriedade "pertencer a uma língua" é atribuída a uma determinada variedade independentemente de seus traços linguísticos internos ou de suas regras gramaticais, e tem mais a ver com o sentimento dos próprios usuários de que falam a mesma língua, apesar das diferenças.

Do ponto de vista do ensino, essas distinções são importantes porque, diferentemente do que reza a tradição (em geral os alunos são obrigados a dominar a metalinguagem de análise de uma variedade da língua que ainda não dominam), seria mais produtivo fazer o caminho inverso: partir do conhecimento que o aluno já tem da língua, de sua capacidade epilinguística, de sua gramática internalizada, para, em seguida, chegar à situação de explicitar o conhecimento linguístico e gramatical, descrevendo e nomeando os fenômenos, e só depois, numa etapa final, concentrar os esforços no domínio da variedade padrão e de seus mecanismos, regras e esferas de circulação.

Fonseca (1994, p. 123), discutindo sobre objetos e objetivos do ensino de português como língua materna, considera que cabe ao professor

> [...] avaliar a extensão e profundidade da relação que a criança já tem com a linguagem antes de chegar à escola e tomar consciência de que a sua função pedagógica é essencialmente

catalisadora: deverá respeitar e preservar as características dessa relação anterior, sabendo enriquecê-la pela criação de necessidades novas e alargá-la a novas formas de colmatar as mesmas necessidades (grifo da autora).

Por que e como ensinar análise linguística?

No que consiste a mudança proposta para o ensino de língua portuguesa e de análise linguística a partir da concepção de linguagem como interação/discurso? Ainda devemos ensinar gramática na escola? Em caso afirmativo, por que e para que ensinar gramática? E qual a maneira mais produtiva de fazê-lo? Essas são questões que, necessariamente, surgem quando debatemos o ensino de língua portuguesa na atualidade.

Sem prejuízo de uma reflexão permanente, a ser feita por cada professor, junto a seu grupo de trabalho, poderíamos lançar algumas ideias, com o intuito de responder a algumas das questões lançadas. Diríamos, primeiramente, que devemos, sim, ensinar gramática na escola, desde que procedamos, como já se viu, a uma revisão do conceito de gramática. Não se trata de normas de bem falar e escrever, de regras absolutas de um sistema imutável, mas de uma lógica que toda língua histórica segue, de um *conjunto de fenômenos produtivos da linguagem*, os quais são passíveis de descrição, reflexão e uso por parte dos usuários. Como afirma Murrie (1994, p. 66), o ensino de gramática, desse ponto de vista, "deixa de ser apenas um conjunto de regras prescritivas ou normativas, para transformar-se em uma *explicitação das regras de uso da língua*, em situações significativas." (grifo da autora).

Do ponto de vista das razões para se ensinar gramática, o que se discute nos dias de hoje é que o domínio de um maior número de variedades linguísticas (entre as quais estão a língua padrão, a língua literária, a modalidade escrita, a linguagem científica) permite ao sujeito da linguagem uma maior *inserção social*, em termos de *circulação nas instâncias públicas de uso da língua*. Ou seja, quanto mais modalidades e variedades da língua o sujeito domina, mais amplas são suas chances de se significar e de significar o mundo, pois a leitura de um texto literário antigo, por exemplo, permite que ele, para além de sua vida cotidiana e imediata, se aproprie de universos de referência do passado e da linguagem própria do momento histórico em que esse texto foi produzido.

É a isso, certamente, que Fonseca (1994) se refere quando propugna uma "sensibilização à língua", à qual se pode chegar pela exploração da capacidade que tem a língua de fletir-se sobre si própria. Diz a autora:

> A *especificidade* do ensino da língua materna relativamente às outras disciplinas centra-se essencialmente no explorar desta capacidade de *flexão da língua sobre si própria* [...]. Por essa via se pode chegar a uma *sensibilização à língua*, passando além dos usos transparentes da linguagem e explorando os usos em que a língua se flecte sobre si própria estabelecendo uma *autorreferência* criadora de possibilidades estéticas e cognitivas novas e insuspeitadas (p. 124, grifos da autora).

No que tange à metodologia, as orientações atuais para o ensino da língua sugerem que o *texto* esteja no centro do processo de ensino-aprendizagem. O objetivo maior das aulas de português é o de formar o cidadão leitor e produtor de textos. Entretanto, isso não será conseguido apenas com as práticas do ler e do escrever por si mesmas, mas com uma reflexão sistemática sobre essas práticas, reflexão que seja capaz de gerar teorias e explicações sobre o funcionamento dos textos e discursos e aplicações desses conhecimentos em situações novas. Por isso, defende-se que o ensino de língua portuguesa gire em torno de três práticas linguísticas fundamentais e articuladas: a leitura, a escrita e a análise linguística.[2]

Murrie (1994) sugere alguns procedimentos para o ensino de gramática, entre eles: (a) constituir um material de trabalho e submetê-lo à classificação, com as categorias já existentes; (b) aprender como funciona e como se realiza o sistema; (c) conhecer o uso efetivo da linguagem; (d) elaborar considerações sobre a fala e a escrita; (e) despertar o interesse para procedimentos de formulação, análise e síntese de materiais apresentados. Ainda conforme Murrie, se

---

[2] Cf. PISCIOTTA (2001, p. 127-128): "Ler e produzir textos não são atividades suficientes para o desenvolvimento da competência discursiva do jovem. As aulas de Língua Portuguesa, principalmente no segundo segmento do ensino fundamental, devem focalizar, além da leitura e da escrita, a língua e a linguagem como objetos de estudo para que o aluno aprenda a observar, descrever e categorizar os fatos linguísticos que aparecem nos textos."

optarmos pelo caminho da análise do uso efetivo da língua, o clássico modelo de ensino baseado no tripé conceito-exemplo-exercício não resolverá a questão da aprendizagem e o aluno não conquistará sua prática individual de análise crítica dos fatos da língua. A autora considera que é mais conveniente que o aprendiz, a partir de seus conhecimentos prévios e de uma determinada definição ou descrição (que pode ser, inclusive, a da gramática tradicional), teste a validade ou não do conceito e decida em que momento ele se aplica em determinado texto e por que se aplica.

A nomenclatura no ensino de análise linguística

Uma questão sempre presente quando se discute ensino de análise linguística é a necessidade ou não de usar a nomenclatura (gramatical ou outra). Nesse sentido, é importante esclarecer alguns pontos. Primeiramente, deve-se ter em mente que o objeto de ensino, no caso, não é a nomenclatura em si mesma, como acreditam alguns professores de língua portuguesa. A nomenclatura – seja na área aqui discutida, seja em qualquer outro campo de conhecimento – é uma *necessidade do pensamento científico*. Precisamos nomear os fenômenos para que possamos nos referir a eles. Assim, não é a aprendizagem da nomenclatura que nos faz aprender a língua; pensar sobre ela é que exige de nós que tenhamos uma linguagem científica própria.

Geraldi (1997a, p. 46) já tratava da questão ao afirmar:

> [...] uma coisa é saber a língua, isto é, dominar as habilidades de uso da língua em situações concretas de interação, entendendo e produzindo enunciados, percebendo as diferenças entre uma forma de expressão e outra. Outra, é saber analisar uma língua dominando conceitos e metalinguagens a partir dos quais se fala sobre a língua, se apresentam suas características estruturais e de uso.

Segundo o autor, seria preciso fazer uma opção pelo predomínio de uma ação sobre outra: pelo menos no nível do ensino fundamental, as atividades devem girar em torno do ensino da *língua* e apenas subsidiariamente se deverá apelar para a *metalinguagem*, quando a descrição da língua se impõe como meio para alcançar o domínio da língua.

Acreditamos, inclusive, que uma reflexão sistemática sobre a linguagem e seus usos, a formulação de hipóteses, o esforço de descrição de fatos e a explicitação de saberes garantem o domínio progressivo da metalinguagem, que, nessas circunstâncias, se dará de modo natural, em decorrência da própria reflexão.

Discorrendo sobre as relações entre nomenclatura e ensino, Franchi (1987) diz que os exercícios gramaticais, em sua maioria, se situam no nível da metalinguagem, visando à aquisição de um sistema de noções e de uma linguagem representativa (na verdade, uma nomenclatura) para poder falar de certos aspectos da linguagem. Mas, na verdade, faz-se menos que isso, pois essas noções teóricas não se organizam de modo que, através delas, se possa falar estritamente do sistema. Mais frequentemente, são propostos exercícios analíticos e classificatórios, sem relações com os processos de construção e transformação das expressões, com a adequação do texto às intenções de seu produtor. Esquece-se, diz o autor, que a pertinência de um elemento verbal a uma ou outra classe depende de operações do sujeito e, mais que isso, que a própria elaboração de um sistema descritivo supõe uma familiaridade prévia com os processos envolvidos nessa construção. Para Franchi, somente se aprende gramática quando esta se relaciona "a uma vivência rica da língua materna, quando construída pelo aluno como resultado de seu próprio modo de operar com as expressões e sobre as expressões, quando os fatos da língua são fatos de um trabalho efetivo e não exemplos descolados da vida" (p. 26).

Relações entre análise linguística, leitura e produção de texto

Segundo a metodologia proposta, o ler e o escrever devem estar articulados a um processo permanente de reflexão sobre as operações linguísticas e discursivas aí implicadas. Ou seja, a análise linguística tanto se dá no momento em que lemos (porque extraímos sentidos do texto, comparamos, notamos alguma inovação, percebemos marcas ideológicas no dizer do outro etc.) quanto no momento em que escrevemos (porque temos que buscar a melhor forma de dizer o que queremos, pensar sobre a escrita das palavras, decidir por uma forma singular ou plural etc.).

Cumpre esclarecer que os textos produzidos pelos alunos constituem material privilegiado para a realização desse trabalho de reflexão sobre a língua, mas não se trata de refazê-los para apenas corrigi-los e, sim, de retomá-los e por meio deles desencadear o processo de análise linguística. Adverte Geraldi (1995, p. 217):

> [...] a análise linguística a se praticar em sala de aula não é simples correção gramatical de textos face a um modelo de variedade e de suas convenções: mais do que isso, ela permite aos sujeitos retomar suas intuições sobre a linguagem, aumentá-las, torná-las conscientes e mesmo produzir, a partir delas, conhecimentos sobre a linguagem que o aluno usa e que outros usam.

Portanto, o texto do aluno ganha importância na medida em que oferece condições bastante propícias de mobilização das hipóteses e intuições dos aprendizes, mas nem por isso devemos promover a análise linguística apenas a partir de suas produções; o mesmo movimento vale para os textos de leitura e para a modalidade oral da língua.

Vejamos, a seguir, uma forma de trabalhar a gramática partindo da escrita. O trecho é de autoria de um aluno de primeiro período de curso universitário (área técnica, disciplina *Português Instrumental*).[3] Esse aluno, como se poderá constatar, escreveu, a partir da temática dos boias-frias da cana, um texto na 1ª pessoa do singular, como se fosse ele mesmo um desses boias-frias. Observe-se, particularmente, como ele faz uso da vírgula, sem constituir os blocos de sentido do texto (isto é, usa a vírgula por várias razões diferentes, sem estabelecer as "paradas" necessárias):

Sou Severino, tenho trinta e nove anos, sete filhos e sou bóia-fria. Acordo às quatro e meia da manha, todo dia, para ir trabalhar.

Começo o dia caminhando, ando dez quilometros até chegar ao canavial, meu filho mais velho, João, vai comigo, ele tem dez anos mas já trabalha pra ajudar em casa, se ele não for a necessidade em casa almenta.

---

[3] Trecho transcrito tal como foi produzido.

No segundo parágrafo, vemos que o aluno define três temáticas diferentes: fala de si próprio e do filho João e, em seguida, comenta algo sobre a necessidade de que o filho pequeno trabalhe. Não houve, propriamente, erro gramatical em sua construção, mas, sem dúvida, o parágrafo ficaria mais bem organizado e, portanto, mais claro para o leitor se viesse pontuado, além da vírgula, com ponto ou ponto e vírgula:

> Começo o dia caminhando, ando dez quilômetros até chegar ao canavial; meu filho mais velho, João, vai comigo, ele tem dez anos mas já trabalha pra ajudar em casa; se ele não for a necessidade em casa aumenta.
>
> Começo o dia caminhando, ando dez quilômetros até chegar ao canavial; meu filho mais velho, João, vai comigo, ele tem dez anos mas já trabalha pra ajudar em casa. Se ele não for a necessidade em casa aumenta.

Caso um professor trabalhasse com esses aspectos, relacionando pontuação e topicalização, estaria dando aula de gramática, sem dúvida, mas não estaria levando o aluno a memorizar regras transmitidas no vazio, nem a pontuar frases soltas e aleatórias. O uso dos sinais de pontuação seria, então, discutido coletivamente, em sala de aula, e seria dada ao aluno a oportunidade de pensar sobre a língua e seus recursos de expressão, sobre os sentidos pretendidos e formas mais ou menos adequadas de dizer as coisas.

Do mesmo modo, é possível, por meio da leitura e análise de textos diversos, compreender a "gramática" do dizer do outro. Analisemos rapidamente o trecho a seguir, extraído de uma coluna cultural de revista informativa semanal. A matéria, publicada na *Carta Capital* nº 434, de 7 de março de 2007, é de autoria da jornalista e crítica de arte Ana Paula Sousa e trata da indústria da fama.

A celebridade, no dizer de Emily Dickinson, é a "punição do mérito e o castigo do talento". E sua expansão inquieta, sobretudo, porque atinge até mesmo quem quer manter ouvidos tapados e olhos vendados diante do desfile de ninguéns. Salvo um eremita que viva na caverna de uma reserva ecológica, não há brasileiro que desconheça Daniella Cicarelli e Cia. Surge então a inevitável pergunta: o que fez Daniella para que todos a conheçam? "A *celebritite* não tem queda de volume. Ao contrário, é cada vez maior", atesta [o jornalista] Sérgio Augusto, que, na coluna que mantém no jornal *O Estado de São Paulo*, cunhou o termo "celebr",lândia". Para ele, a mídia é a maior responsável pela "jeca vassalagem" a celebridades.

Vamos destacar aqui algumas das estratégias discursivas utilizadas:

(A) o texto começa com uma citação, marcada com aspas duplas; o recurso à fala do outro – sendo esse outro alguém como Emily Dickinson – não apenas agrega sentidos ao que dizemos, mas tem a finalidade, entre outras, de legitimar o dito, ou seja, vale como um argumento de autoridade; além disso, nesse caso, a autora já anuncia o tom de sua crítica, opondo celebridade, de um lado, e mérito/castigo, de outro;

(B) o termo "ninguém", invariável, a princípio, foi flexionado para o plural, levando-nos a entender que as supostas celebridades brasileiras, que não são poucas, na verdade são pessoas insignificantes, inexpressivas;

(C) para a autora, as celebridades invadem a nossa vida; sobre elas nos chegam informações que, muitas vezes, preferíamos desconhecer; e faz isso dizendo que só escapa dessa invasão alguém que seja eremita e que, adicionalmente, viva numa caverna e, mais ainda, de uma reserva ecológica; temos aqui outra crítica embutida, que incide sobre a visão dos ecologistas como pessoas que cuidam de nichos ou santuários isolados;

(D) vemos também o emprego da expressão "Daniella Cicarelli e Cia.", por meio da qual a resenhista nomeia uma celebridade-símbolo, caracterizada por não ter feito nada de importante, e, adicionalmente, afirma que há uma espécie de "empresa", de grupo institucional organizado pautado pela mesma conduta (o que se pode inferir pelo uso da sigla "Cia.");

(E) no texto foram utilizados termos não dicionarizados, a partir de mecanismos já conhecidos de formação de palavras:

(1) "celebritite", que viria de "celebridade" + sufixo "ite" (= inflamação, patologia), indica que o culto às celebridades é uma doença;

(2) "celebritylândia" foi formado pela junção de "celebrity" (do inglês) + "lândia" (que vem também do inglês "land" = "terra"), significando "terra de celebridades";

(3) já o termo "jeca vassalagem" traz, de um lado, a ideia de subdesenvolvimento e atraso cultural (remete ao personagem Jeca Tatu, de Monteiro Lobato) e, de outro, a ideia de subserviência, dependência, submissão, que vem de "vassalo", tipo social da Idade Média que recebia feudos de seu suserano e lhe prestava obediência após um juramento de fé.

Note-se, pois, que o jogo de palavras, os discursos reportados, a abundância de neologismos e as rupturas com a língua padrão foram recursos empregados, certamente, para conferir um efeito de ironia ao texto, marcando o distanciamento entre a posição ideológica da autora e o mundo das celebridades.

À guisa de conclusão

Murrie (1994) julga que seria proveitoso ensinar o aluno a pensar sobre os conceitos gramaticais e reinventá-los, a partir de uma gramática textual pautada no significado; para ela, a significação textual é que estabelece os critérios de utilização das regras da língua.

Não há dúvida de que ensinar nessa nova perspectiva constitui grande desafio. É até natural que os professores estejam se perguntando sobre o tema, sobre como fazer na sala de aula para não correr o risco de apenas desenvolver atividades de leitura e produção textual, sem a reflexão que garanta ao aluno os avanços na compreensão da língua e de seus diversos usos sociais. Mas acreditamos que, mesmo numa situação de impasse e crise com a que ora vivemos, é possível tentar formas alternativas de ensinar língua portuguesa/análise linguística e obter ganhos com isso, sendo o maior deles a ampliação da capacidade interativa de nossos alunos e, por extensão, de suas condições de exercício da cidadania.

Referências

FONSECA, F. I. *Gramática e pragmática*: estudos de linguística geral e de linguística aplicada ao ensino do português. Porto: Porto Editora, 1994.

FRANCHI, C. Criatividade e gramática. *Trabalhos em linguística aplicada*, Campinas, n. 9, p. 5-45, 1987.

GERALDI, J. W. *Portos de passagem*. 3. ed. São Paulo: Martins Fontes, 1995.

GERALDI, J. W. *Linguagem e ensino*: exercícios de militância e divulgação. Campinas: ALB/Mercado de Letras, 1996.

GERALDI, J. W. Concepções de linguagem e ensino de português. In: GERALDI, J. W. (Org.). *O texto na sala de aula*. São Paulo: Ática, 1997a.

GERALDI, J. W. Unidades básicas do ensino de português. In: GERALDI, J. W. (Org.). *O texto na sala de aula*. São Paulo: Ática, 1997b.

LIMA, M. A. F. O ensino de gramática em uma perspectiva enunciativa. In: LIMA, M. A. F.; COSTA, C. S. M. e ALVES FILHO, F. (Org.). *Reflexões linguísticas e literárias aplicadas ao ensino*. Teresina: EDUFPI, 2010.

MURRIE, Z. F. Reflexões sobre o ensino/aprendizagem de gramática. In: MURRIE, Z. F. (Org.). *O ensino de português do primeiro grau à universidade*. 3. ed. São Paulo: Contexto, 1994.

PISCIOTTA, H. Análise linguística: do uso para a reflexão. Em: BRITO, E. V. (org.). *PCNs de Língua Portuguesa*: a prática em sala de aula. São Paulo: Arte e Ciência, 2001.

POSSENTI, Sírio. Gramática e política. In: GERALDI, J. W. (Org.). *O texto na sala de aula*. São Paulo: Ática, 1997.

SANTOS, J. J. N.; SUASSUNA, L. Ensino de análise linguística: reflexão/construção de conhecimentos ou memorização/reconhecimento de estruturas? (Um estudo de práticas no ensino médio). In: MARCUSCHI, B. e LEAL, T. F. (orgs.). *Estudos sobre educação e linguagem*: da educação infantil ao ensino médio. Recife: Ed. da UFPE, 2011.

SILVA, M. T. M.; SUASSUNA, L. Ensino de análise linguística: reflexão e construção de conhecimentos ou memorização e reconhecimento de estruturas? *Estudos em Educação e Linguagem*: Revista Eletrônica do Centro de Estudos em Educação e Linguagem, Recife, v. 1, n. 1, p. 91-108, jul./dez. 2011.

Capítulo 2

Ensino de gramática e trabalho com textos: atividades compatíveis

Ana Lima

Beth Marcuschi

Cristina Teixeira

Atualmente, a maior parte dos professores de língua portuguesa já acredita que é *o texto*, e não unidades menores como a frase ou a oração, que deve constituir a principal unidade de estudo e de ensino da língua. Apesar desse relativo consenso, ainda há profissionais da educação que entendem que, nessa visão, não cabe o trabalho com a "gramática". Mesmo professores de língua portuguesa, diante do que ouvem sobre a necessidade de se trabalhar com textos, estão em dúvida se, afinal, devem, ou não, ensinar "gramática".

Perceber *gramática* e *textos* como objetos de ensino dissociados, ou como polos quase que opostos e independentes, é uma indicação de que alguns profissionais continuam entendendo *gramática* como um conjunto de regras prescritivas, explicitadas em um manual, que não guarda nenhum ponto de interseção com os usos da língua.

Essa consideração equivocada tem justificado a existência, em muitas escolas brasileiras, de aulas separadas de "produção de textos" e de "gramática", na maioria das vezes ministradas por diferentes professores. Essa fragmentação acentua-se no ensino médio e, como afirma Bunzen (2006, p. 140), "não sabemos ainda quem fica com a responsabilidade de integrar/relacionar tais disciplinas fragmentadas". Como consequência dessa prática, perpetuam-se diversos mitos, em especial o de que, para escrever bem, o aluno não precisa ter conhecimento mais aprofundado sobre a gramática da língua, ou seja, conhecimento sobre as regras que regulam seu funcionamento.

Essa realidade motivou a elaboração do presente capítulo, que objetiva, principalmente, ajudar o professor de língua portuguesa a: (1) compreender o papel que deve ter a gramática em suas aulas; e (2) trabalhar com a gramática, tendo como foco o texto.

Para isso, o trabalho está organizado da seguinte maneira: primeiramente, discutimos a noção de gramática por nós assumida, relacionando-a ao uso e à reflexão; em seguida, exploramos dois exemplos, mais precisamente de dois gêneros textuais: manchete e anúncio publicitário, com base nos princípios gerais por nós destacados para o trabalho com a gramática em sala de aula.

Quando falamos de gramática, estamos falando de quê?

Neves (2003, p. 80) afirma que "a concepção básica de gramática é a de um sistema de princípios que organizam os enunciados, pelo qual os falantes nativos de uma dada língua se comunicam nas diversas situações de uso". Essa é uma concepção geral e abstrata, nem sempre tão fácil de compreender. Na verdade, é difícil precisar a extensão do termo "gramática", pois ele adquiriu, na nossa cultura, acepções que vão desde a noção ampla de "um mecanismo geral de organização de uma língua" até a noção mais restrita de "uma disciplina escolar", ou "um manual". Todos nós, professores, alunos, profissionais de diversas áreas, utilizamos o termo "gramática" para fazer referência a uma noção ora mais ampla, ora mais estreita.

Essa multiplicidade de usos, entretanto, não conseguiu aplacar a conotação negativa que o termo vem ganhando, no meio acadêmico e no imaginário da nossa sociedade. De fato, de uns anos para cá, a noção de gramática tem sido atrelada à visão prescritiva que se tinha no passado, visão que vem perdendo prestígio desde que a ciência linguística começou a mostrar a importância da variação como característica constitutiva da linguagem e a apontar todo o preconceito que subjaz à visão puramente prescritiva dos fatos linguísticos.

Assim, quando tentamos definir com exatidão quais os limites de abrangência do termo "gramática", principalmente se queremos pensar uma 'gramática' que seja "ensinável" na escola, deparamo-nos com uma tarefa quase impossível. O que é fácil de observar, no entanto, é que o aluno chega à escola já com um bom domínio de sua língua, ou, em outras palavras, com um bom domínio da *gramática* de sua língua; do contrário, seus enunciados seriam desorganizados e sem sentido. Com o passar dos anos escolares, a sistematização que lhe vai sendo oferecida é tão distante dos usos que ele conhece, tão diferente daquilo que ele fala e ouve, que, aos poucos, o que chamam de gramática torna-se quase "uma outra língua", que ele desconhece e com a qual não consegue atuar como falante ou escritor.

Então, se por um lado é difícil definir o que seja exatamente a gramática a ser ensinada em sala de aula, por outro é relativamente fácil definir algumas bases, sobre as quais o ensino de gramática pode (e deve) ser operacionalizado na escola. Essas bases se configuram como princípios gerais, que devem nortear o trabalho com a gramática nas aulas de língua portuguesa, guiando todas as decisões do professor, desde a definição das atividades, a seleção dos textos, a explicitação dos conteúdos, até a avaliação da aprendizagem. A seguir, alguns desses princípios serão apresentados e brevemente discutidos.

É importante se estudar a língua em uso

Entre nós, professores de língua portuguesa, é muito comum a prática de "inventarmos" exemplos, para fazê-los caber em nossas explicações. Embora essa prática facilite, em parte, nosso trabalho, ela traz sérias consequências negativas para o ensino, sendo a principal delas o fato de falsear as explicações, porque, na maioria das vezes, elas não se aplicam aos exemplos da "língua real". Não restam dúvidas de que, para se estudar os fenômenos gramaticais da nossa língua, é preciso trazê-la "ao vivo e em cores" para a sala de aula, ainda que isso deixe o professor, por vezes, inseguro.

Desse princípio resulta que, com raras exceções, é totalmente inadequado trabalhar os fenômenos fora de textos, afinal, é por meio de textos que realizamos nossas ações de linguagem, e nada existe de linguagem fora do universo textual. Entendemos, em consonância com Neves (2003, p. 80), que "a gramática acionada naturalmente pelo falante de uma língua para organizar sua linguagem não se limita à estrutura de uma oração ou de um período"; ela necessariamente extrapola essas unidades, e, por isso mesmo, não pode ser estudada fora do texto, falado e escrito. É do texto que devem emergir os temas a serem ensinados; é a partir do texto que devem ser pensadas as atividades. Pois tudo – temas e atividades – deve vir da produção linguística efetivamente realizada.

Desse princípio resulta, também, que se devem levar em conta as variedades linguísticas. Diferentemente do que muitas pessoas acreditam, nada há de ameaçador ou prejudicial para a reflexão sobre a língua padrão na discussão sobre as formas não padrão. Antes pelo contrário, se a discussão for bem conduzida, o aluno terá a dimensão exata da realidade de sua língua, e não ficará com a incômoda (e equivocada) impressão de que a língua da escola não é a sua, ou a de que "todos na sua comunidade falam errado". Como defende Neves (2003, p. 22), "se queremos estudar a língua padrão, temos que ir da língua para o padrão", ou seja, partir dos usos para refletir sobre a norma, e nunca o contrário.

É importante que haja reflexão no ensino

Os documentos oficiais que objetivam orientar o ensino de língua portuguesa no Brasil (veja-se BRASIL, 1999), para todos os níveis escolares, têm insistido na necessidade de que a sistematização oferecida pela escola se dê por meio da reflexão. Assim, cabe ao professor propor atividades e mediar discussões sobre os fenômenos que ocorrem na língua, que é, ao mesmo tempo, sua e do aluno. Por isso, o aluno não pode ficar calado e aceitar tudo como "correto".

As atividades sugeridas pelo professor precisam instigar investigação, análise, discussões por parte dos alunos. Do lado do professor, isso certamente vai motivá-lo a pesquisar mais, a estudar mais, a ter um ouvido e um olhar mais aguçados para as peculiaridades dos diversos usos. Em síntese, sua prática será bastante enriquecida. Do lado dos alunos, as aulas de língua portuguesa serão aulas da "sua língua", a língua que eles falam e escrevem, e não aulas de uma "língua de ninguém", uma língua idealizada que só existe nos manuais. Eles passarão a ser agentes de sua aprendizagem, e não mais meros espectadores passivos.

É importante desmitificar a gramática

Para muitos professores, o conteúdo que está posto nos manuais e gramáticas é "intocável", quase que "sagrado". Ainda há professores que, na falta de uma explicação mais convincente para uma pergunta feita por um aluno, recorrem ao velho jargão: "A gramática diz que é assim e pronto!", como se "a gramática" fosse uma autoridade suprema inquestionável. Fato é que qualquer estudo mais aprofundado das gramáticas e manuais revela contradições significativas de um autor para outro, e diversas pesquisas já comprovaram que "a gramática normativa, base do ensino de gramática na escola, apresenta inconsistências teóricas [...], além de não descrever adequadamente a norma-padrão contemporânea" (MENDONÇA, 2006, p. 199-200). Por isso, o professor precisa reconhecer que, em se tratando de questões de língua(gem), não existe "a verdade inquestionável".

Mais enriquecedor, mais desafiador para a prática docente é ter sempre em mente que "a gramática de qualquer língua em funcionamento não tem regras rígidas de aplicação" (Neves, 2003, p. 79). Como a língua é viva e variável, há ocorrências que carecem de explicação mais consistente, fenômenos cujas explicações nem sempre são óbvias, e diversas "zonas de imprecisão e de oscilação" (Neves, 2003). Decorre daí que não faz sentido algum que a gramática ensinada na escola se reduza à atividade de encaixamento em moldes, de memorização de esquemas fechados, de imitação de modelos e de decoreba de nomes esquisitos.

Sem a aplicação desses princípios, dificilmente o professor de língua portuguesa será bem-sucedido na sua tarefa de aprimorar a competência linguística de seus alunos. Mesmo porque, é importante que se diga, quando esses alunos chegam a nós, professores, eles já são competentes o suficiente para, "ativando esquemas cognitivos, produzir enunciados de sua língua, independentemente de qualquer estudo prévio de regras de gramática" (NEVES, 2003, p. 19).

Apresentamos, então, na sequência, sugestões de como o professor de língua portuguesa pode, por meio do trabalho com textos, chamar a atenção dos alunos e refletir com eles acerca de aspectos gramaticais diversos.

Ensinar gramática contextualizada para melhor compreender o texto

No item anterior deste capítulo, vimos que, na construção dos sentidos, os usuários de uma língua operam com ocorrências que extrapolam o nível da frase e da oração. Defendemos ainda, entre outros aspectos, que o estudo da gramática deve superar a mera elaboração de esquemas fechados e a restritiva aplicação de modelos. Nesta segunda parte, trazemos exemplos de abordagem de alguns fenômenos da linguagem, buscando concretizar as reflexões até aqui realizadas. Indicamos como o estudo da gramática ancorado em textos situados em práticas sócio-históricas de uso da língua, ou seja, contextualizado, pode ser mais produtivo e fazer mais sentido para o professor e para o aluno. Os exemplos explorados estão centrados em fenômenos preponderantemente trabalhados no ensino fundamental II e no ensino médio, mas o encaminhamento sugerido pode ser adaptado para todos os níveis em que a educação escolar brasileira se acha organizada.

Da convenção para a referenciação: extrapolando a obviedade

Toda língua comporta convenções variadas, cultural e historicamente construídas por seus usuários. Aliás, sem elas, o entendimento entre os interlocutores não seria possível. Assim, podemos considerar que

> [...] todo texto deve conter uma estrutura de significados que está nele desenhada e a tarefa inicial mínima de qualquer leitor

é dar conta desse desenho que representa um primeiro plano de seu sentido [...]. Sem esse domínio inicial é difícil admitir que um leitor possa avançar sobre outras possibilidades de sentido do texto (Mari; Mendes, 2005, p. 163).

Para Mari e Mendes (2005), é esse nível inicial de competência que nos permite, por exemplo, diferenciar um conjunto de rabiscos, ou ainda um texto de língua estrangeira, que fosse para nós totalmente desconhecida, de um texto produzido em nossa língua materna. Mais precisamente, diante de um texto escrito em russo, um brasileiro que desconhecesse essa língua não se sentiria encorajado a realizar sua leitura, enquanto, diante de um texto escrito em português, esse mesmo brasileiro ficaria mais à vontade e confiante para iniciar uma leitura.

Todavia, tal como também afirmam os autores, é importante ressaltar que, embora de extrema relevância, essa competência inicial é insuficiente para dar conta da construção dos significados possíveis de um texto, que não se esgota na mera identificação da estrutura composicional. Assim, o gênero textual acionado (notícia, reportagem, crônica, lista de compras, propaganda, etc.), a natureza do léxico utilizado (técnico, erudito, coloquial, etc.), a temática desenvolvida (política, esporte, cinema, televisão, etc.) são, entre outros, componentes essenciais do processo de compreensão e de produção textual.

Além disso, não se pode deixar de considerar que os significados são ativamente elaborados na relação com as práticas sociais, ou seja, na relação com um conjunto de características não explicitamente disponível na superfície dos textos. Isso significa que um estudo gramatical centrado tão somente na explicação dos fatos da língua, à revelia de uma situação de interação, ainda que baseado em textos, acabará deixando de lado questões essenciais que atuam na construção dos sentidos e, assim, pouco contribuirá para a formação de um aluno proficiente em leitura ou produção textual.

Consideremos a manchete a seguir, veiculada por um jornal brasileiro (*Folha de S.Paulo*), em sua versão *on-line*, que se reporta a duas manchetes, apresentadas em dias distintos, por jornais argentinos.

(1) "Após 'Neymaradona', argentinos falam em 'Neymar de lágrimas'"

Disponível em: <http://www1.folha.uol.com.br/esporte/871 722-apos-neymaradona-argentinos-falam-em-neymar-de-lagrimas.shtml>. Acesso em: 7 fev. 2011.

Do ponto de vista das convenções linguísticas, é provável que o aluno do ensino médio ou mesmo do ensino fundamental II já tenha o domínio de algumas operações básicas envolvidas na elaboração da manchete acima reproduzida, como a possibilidade de serem criados, em língua portuguesa: (a) neologismos pelo processo de aglutinação sem um maior compromisso ou preocupação com uma posterior estabilização de seu uso, tal como ocorre em "Neymaradona" (trata-se de palavras novas, elaboradas pelos usuários, com o propósito de gerar humor, ironia, indignação, entre outras possibilidades, em função de fatos datados e significativos para uma determinada comunidade); (b) expressões fixas (expressões cristalizadas da língua que permitem pouca ou nenhuma variação) com significados metafóricos, como em [Ney]"mar de lágrimas" (mar de lágrimas). O aluno dos níveis de escolarização mencionados certamente também poderá reconhecer "Neymar" e "Maradona" como nomes próprios aplicáveis a pessoas.

O conhecimento desses fenômenos (neologismos, expressões fixas, nomes próprios), passíveis de serem explicados por uma gramática escolar no nível frasal ou mesmo do texto como pretexto, não seria, no entanto, suficiente para a compreensão da manchete. Além das convenções apontadas, outros saberes precisam ser trazidos para o debate, de modo que a leitura da manchete avance para o campo da referenciação[1] e estabeleça uma relação de sentidos com uma realidade social específica e contemporânea. Em suma, constata-se, ao mesmo tempo, "a necessidade e insuficiência da linguagem na produção do conhecimento, o que mobiliza a interação para o centro da observação" (Marcuschi, 2007, p. 64).

---

[1] A referenciação constitui-se num processo de organização dos referentes que ultrapassa o simples ato de designar linguisticamente os objetos do mundo. Assim, conforme analisam Koch e Marcuschi (1998, p. 170), no trecho "[...] aqui no Rio tinha uma espécie de banana parecida... parece que se não me engano era banana-figo que *eles* chamam aqui no Rio [...]", somos capazes de saber que o pronome "eles" se refere a "cariocas", ainda que esses indivíduos não tenham sido nominalmente mencionados no texto.

É preciso considerar, inicialmente, que a manchete se reporta, no caso do nome "Neymar", a uma pessoa em sua individualidade, mais precisamente, a um jogador brasileiro de futebol de muito sucesso na atualidade. No caso do nome próprio "Maradona", mais do que se referir a um indivíduo, a um jogador argentino de futebol, a manchete alimenta uma noção metafórica atribuída ao nome, ao mesmo tempo largamente aceita e controversa, de desportista "excepcional", "fora de série". Assim, ao criar o nome "Neymaradona", o veículo está construindo um neologismo para afirmar que o jogador Neymar pode ser considerado um craque tal como o foi Maradona. Em seguida, ao veicular a expressão "Neymar de lágrimas", a manchete desconstrói a comparação anterior. Ela se utiliza agora da sílaba final do nome do atleta ("mar") para recuperar a expressão "mar de lágrimas" e, por meio dela, sinalizar, ironicamente, para um eventual estado de tristeza em que se encontraria o jogador "Neymar".

Além dessas características, na análise do texto (1), é preciso considerar de modo particular a referência feita pelo jornal brasileiro aos "argentinos". Esse fato é determinante, pois é ele que nos permite compreender a motivação, tanto do neologismo elogioso elaborado para o atleta Neymar quanto da posterior expressão fixa que procura desconstruir sua imagem. Maradona, todos sabemos, é argentino e idolatrado em seu país. Dessa forma, quando um atleta atua bem, o maior elogio que pode receber é ser comparado ao ídolo Maradona. Foi o que ocorreu com Neymar, que atuou de forma diferenciada em jogo recente da Seleção Brasileira. Na sequência, em outro jogo, justamente contra a Seleção Argentina, Neymar teve atuação apagada e a Seleção Brasileira perdeu para sua arquirrival. Se a referência na manchete fosse aos russos, aos americanos ou aos chineses, entre outras possibilidades, poderíamos também, evidentemente, construir significados. Mas eles seriam, com toda certeza, distintos daqueles provocados pela alusão aos argentinos como autores dos comentários, brincadeiras e ironias em relação ao jogador brasileiro Neymar, sobretudo se considerado o contexto em que as observações foram veiculadas.

Mais uma vez buscando apoio em Mari e Mendes (2005, p. 173), podemos dizer que "os sentidos convencionais de um texto costumam ser autoexplicáveis", ou seja, podem ser facilmente demonstrados via gramática tradicional. Todavia, os sentidos referenciais, aqueles calcados em um contexto sócio-histórico, exigem justificativas e reflexão. Por isso mesmo, é a essas questões mais complexas que um estudo contextualizado de gramática deve se dedicar em sala de aula. No caso do texto até aqui trabalhado, explicações com base em esquemas fechados sobre neologismos, por exemplo, pouco contribuiriam para a construção dos sentidos do gênero textual, do vocabulário e do tema focalizados. Ao contrário, um estudo gramatical que inclua em seu debate as referências ao mundo social e cultural será capaz de levar o aluno a construir conhecimentos quando da leitura e produção de texto.

Do conhecimento de mundo para a gramática: trabalhando um anúncio publicitário

No item anterior analisamos um gênero típico do domínio jornalístico, a manchete. Neste item, trabalharemos com outro gênero de ampla circulação social: o anúncio publicitário. Selecionamos uma publicidade institucional criada em 1997 pela agência W/Brasil em comemoração aos 75 anos de existência do jornal *Folha de S.Paulo*. Apesar de já ter mais de 10 anos, tal publicidade permanece bastante atual e, em virtude da altíssima qualidade do texto, mostra-se, como veremos adiante, um material excelente para o estudo de diversos fenômenos da língua.

Como se trata de um anúncio veiculado na TV, não conseguiremos reproduzir aqui a sequência de imagens que constitui a peça, nem ter acesso às nuances da locução.[2] Obviamente, esses elementos contribuem e ampliam os efeitos de sentido finais da publicidade. Mesmo assim, acreditamos que uma análise focada no texto verbal não prejudica a leitura do anúncio em seu conjunto, somente não a potencializa. De qualquer forma, sobre os aspectos imagéticos, é relevante dizer que o filme mostra fotografias em preto e branco de acontecimentos históricos que envolveram a seleção dos presidentes da República do Brasil desde a revolução de 1930 até 1998.

---

[2] A peça publicitária, em seu formato original, pode ser vista no YouTube, no seguinte endereço: <http://www.youtube.com/watch?v=ixPQNETsTs8>.

Embora na versão original a imagem de cada personalidade citada vá aparecendo na tela à medida que o fato histórico associado a ela é relatado, o nome de nenhuma das figuras é citado no texto verbal. Isso exige do espectador um trabalho de leitura que leva em consideração seu conhecimento sobre a história do país. Fica claro, então, que para a compreensão desse texto é necessário algo mais do que conhecimentos linguísticos. De fato, os conhecimentos históricos circunstanciados são essenciais para a compreensão/interpretação do texto em análise. Do ponto de vista sonoro, a narração do ator Luis Augusto, cheia de ênfases, imprime vivacidade e informalidade ao texto. Reproduzimos a seguir o texto da publicidade na íntegra:

Os presidentes

Tinha um presidente que antes havia sido ditador, mas depois foi eleito. Só que um negão amigo dele arrumou uma encrenca na rua e o presidente deu um tiro no peito. No peito dele, não do negão. Foi um bafafá... Mas assumiu o vice. Depois veio um presidente que construiu uma cidade no meio do nada e mudou a capital pra lá. Aí, veio um outro, que falava esquisito, tinha mania de vassoura e que de repente renunciou, ninguém entendeu bem por que, e aí deu outra confusão danada. Mas acabou assumindo outro vice, que começou a ter umas ideias e foi derrubado pelos militares, que botaram um general na presidência. Aliás, um não, vários, um atrás do outro. É, teve aquele baixinho, depois aquele outro que teve um treco, e assumiu uma junta militar. Aí vieram mais três, que não gostavam muito de ser presidente. E quando ninguém mais aguentava generais, eles deixaram entrar um civil, que tinha sido ministro daquele que deu um tiro no peito. Mas ele também teve um treco, bem no dia da posse, e aí entrou esse outro, que seria vice, que tinha um bigode estranho, se dizia poeta, que fez uma lei proibindo os preços de subir e deu com os burros n'água. Foi quando voltou a eleição direta. Aí, ganhou o almofadinha, que confiscou o dinheiro da população, construiu uma cascata em casa e quase foi pra cadeia junto com o tesoureiro, que depois foi morto em circunstâncias misteriosas. Mas quando o almofadinha

> dançou, entrou um vice, aquele de topete, amante do pão de queijo, que relançou o Fusca e lançou um novo dinheiro bolado por um ministro que por isso virou presidente, e tá aí querendo ficar mais um pouquinho, talvez disputando a eleição com o do bigode, o do topete e, se deixarem, com o da cascata. Bom, é... basicamente isso.
>
> Folha de S.Paulo. Há 75 anos tentando explicar esse país.
>
> Não dá pra não ler.

Como explicamos acima, o texto é uma publicidade institucional da *Folha de S.Paulo*. Ou seja, esse jornal está vendendo a si mesmo no anúncio e, para tanto, busca ressaltar as suas qualidades. Quais as principais qualidades de um jornal? A sua credibilidade e a sua capacidade de informar bem os leitores. Tais características aparecem ressaltadas de maneira peculiar no mote: "Folha de S.Paulo. Há 75 anos tentando explicar esse país". Chama a atenção o fato de o anúncio não afirmar que "a *Folha* há 75 anos *explica* esse país", mas dizer "*tenta* explicar". Obviamente, o uso do modalizador "tenta" conecta-se com a própria história do país, confusa e cheia de percalços. Diante de uma história tão conturbada, não é fácil esclarecer os fatos, organizá-los e sistematizá-los.

Nesse contexto, o anúncio busca simplificar as coisas e termina funcionando quase como uma paráfrase da história oficial, ou, em outras palavras, como uma espécie de tradução para a linguagem cotidiana da complexidade dos fatos históricos. O enunciado que fecha o texto ("Bom, é... basicamente isso.") reafirma a impressão de que o narrador está tentando resumir a história política dos últimos anos do país para o seu interlocutor (no caso, o público). O enunciado final marca uma postura avaliativa, e não mais descritiva, do locutor em relação aos fatos narrados.

Uma série de recursos linguístico-discursivos contribui para conferir informalidade ao texto, dando-lhe um tom de conversa. Entre esses recursos, destacam-se alguns típicos das variedades não padrão da língua, como:

- certas contrações típicas da fala informal ("tá aí" = está aí; "pra" = para);
- o uso de certos marcadores, típicos da conversação informal ("aí"; "é"; "bom");
- a escolha de alguns encadeadores discursivos (como "aí"; "e aí"; "só que");
- o uso de gírias e expressões populares ("negão", "encrenca", "bafafá", "confusão danada", "teve um treco", "dançou", "bolado");
- o uso de idiomatismos[3] ("dar com os burros n'água").

Outro aspecto que mostra claramente a informalidade do texto e a tentativa de tradução da nossa história é a caracterização utilizada pelo narrador para fazer a referência aos vários presidentes, vice-presidentes, ministros e outras personalidades da política brasileira. Vejamos, no quadro a seguir, como o texto cria referências nominais cheias de humor e ironia para designar as personagens da história política brasileira.

Objetos de discurso[4]	Entidades do mundo
Tinha um presidente que antes havia sido ditador, mas depois foi eleito.	Getúlio Vargas – Presidiu o Brasil durante o Estado Novo, de 1937 a 1945. Foi eleito em 1951.

---

[3] "Idiomatismos" ou "expressões idiomáticas" ou "frases-feitas" são locuções ou modos de dizer característicos de um idioma, que não se traduzem literalmente em outras línguas.

[4] Mondada e Dubois (1995, p. 288) concebem a referenciação como uma "construção colaborativa de objetos de discurso – quer dizer, de objetos cuja existência é estabelecida discursivamente". Nessa perspectiva, os referentes são entendidos como objetos que se manifestam no discurso, emergindo da negociação dos interlocutores. A referenciação é marcada por uma instabilidade em que o referente introduzido pode ser abandonado e, em seguida, reativado mediante diferentes expressões referenciais; pode ser revisto, corrigido, redirecionado, fragmentado ou enriquecido; pode ser reativado agregando novas propriedades ou dispensando parte das já agregadas. O referente, uma vez introduzido, fica à mercê dos interlocutores e do próprio discurso, ganhando, assim, um caráter dinâmico. Essa perspectiva contrapõe-se àquela em que os referentes são identificados voltando-se os olhos apenas aos aspectos formais do texto.

Objetos de discurso	Entidades do mundo
Só que um negão amigo dele arrumou uma encrenca na rua [...]	Gregório Fortunato, conhecido como "O Anjo Negro", foi chefe da guarda pessoal do presidente Getúlio Vargas, acusado de ser o mandante do atentado contra Carlos Lacerda, em 5 de agosto de 1954, num episódio conhecido como "O atentado da Rua Tonelero".
[...] veio um presidente que construiu uma cidade no meio do nada e mudou a capital pra lá.	Juscelino Kubitschek – Presidiu o Brasil de 1956 a 1961.
[...] veio um outro, que falava esquisito, tinha mania de vassoura e que de repente renunciou, ninguém entendeu bem por que [...]	Jânio Quadros – Ficou na Presidência de 31 de janeiro a 25 de agosto de 1961.
[...] acabou assumindo outro vice, que começou a ter umas ideias e foi derrubado pelos militares [...]	João Goulart – Assumiu a Presidência do Brasil em 1961 e foi deposto pelo Golpe Militar de 1964, liderado pelo alto escalão do Exército.
[...] teve aquele baixinho [...]	Castelo Branco – Presidiu o Brasil de 1964 a 1967.
[...] aquele outro que teve um treco [...]	Costa e Silva – Presidiu o Brasil de 1967 a 1969, quando teve um AVC.
[...] vieram mais três, que não gostavam muito de ser presidente.	Médici – Presidiu o Brasil de 1969 a 1974. Geisel – Presidiu o Brasil de 1974 a 1979. Figueiredo – Presidiu o Brasil de 1979 a 1985.

Objetos de discurso	Entidades do mundo
E quando ninguém mais aguentava generais, eles deixaram entrar um civil, que tinha sido ministro daquele que deu um tiro no peito. Mas ele também teve um treco, bem no dia da posse [...]	Tancredo Neves – Foi eleito presidente do Brasil em 15 de janeiro de 1985 pelo voto indireto de um colégio eleitoral, mas adoeceu gravemente, em 14 de março do mesmo ano, véspera da posse, morrendo 39 dias depois, sem ter sido oficialmente empossado.
[...] entrou esse outro, que seria vice, que tinha um bigode estranho, se dizia poeta, que fez uma lei proibindo os preços de subir e deu com os burros n'água.	José Sarney – Presidiu o Brasil de 1985 a 1990.
Aí, ganhou o almofadinha, que confiscou o dinheiro da população, construiu uma cascata em casa e quase foi pra cadeia [...]	Fernando Collor – Foi eleito presidente em 1990 e sofreu *impeachment* em 1992.
[...] o tesoureiro, que depois foi morto em circunstâncias misteriosas.	Paulo César Farias – Tesoureiro da campanha de Fernando Collor, acusado de corrupção, morreu assassinado em 1996.
[...] aquele de topete, amante do pão de queijo, que relançou o Fusca e lançou um novo dinheiro [...]	Itamar Franco – Presidiu o Brasil de 1992 a 1995.
[...] novo dinheiro bolado por um ministro que por isso virou presidente, e tá aí querendo ficar mais um pouquinho [...]	Fernando Henrique Cardoso – No seu primeiro mandato, presidiu o Brasil de 1995 a 1999.

Esses exemplos deixam claro que as expressões que usamos para nomear e fazer referência a pessoas, coisas e eventos são, muitas vezes, carregadas de valores, positivos ou negativos. No caso da publicidade em análise, a seleção de certas características físicas ("aquele baixinho", "tinha um bigode estranho", "aquele de topete") ou comportamentais ("falava esquisito, tinha mania de vassoura", "amante do pão de queijo", "o almofadinha") das personagens, bem como de alguns de seus feitos curiosos ou mesmo pouco louváveis ("relançou o Fusca", "construiu uma cascata em casa") causa um efeito final de ironia e de humor. Inclusive, a forma como se narram as sucessivas mortes, renúncias e os golpes em que as personalidades citadas se envolveram leva a crer que a própria história do país é uma piada.

Vários outros aspectos textual-discursivos são igualmente relevantes e contribuem para os efeitos de sentido pretendidos pelo autor do texto em questão. Vejamos alguns desses aspectos:

- no trecho "Só que um negão amigo dele arrumou uma encrenca na rua e o presidente deu um tiro no peito. No peito dele, não do negão", a expressão "tiro no peito" cria uma ambiguidade que o narrador tenta desfazer quando esclarece: "No peito *dele*", mas logo percebe que o possessivo "dele" não consegue desfazer a ambiguidade criada, uma vez que a referência feita pelo pronome de terceira pessoa ("ele") não fica clara no trecho. Por isso, o narrador acresce "não do negão", a fim de elucidar a ambiguidade de caráter linguístico. Mas é importante ressaltar que tal ambiguidade não existe para aqueles que conhecem o fato histórico.

- no trecho "Mas acabou assumindo outro vice, que começou a ter umas ideias e foi derrubado pelos militares", o narrador supõe ser de fácil interpretação pelo interlocutor a indefinição – marcada pelo artigo indefinido – presente em "umas ideias". O interlocutor, aqui, precisa interpretar essa indefinição como "umas ideias que não agradavam aos militares".

- a opção pelo uso do verbo "deixar", no trecho "e quando ninguém mais aguentava generais, eles *deixaram entrar* um civil", denuncia o poder dos militares, referidos pelo pronome "eles".

- o uso reflexivo do verbo "dizer", no trecho "entrou esse outro, que seria vice, que tinha um bigode estranho, *se dizia poeta*", mostra que o narrador põe em dúvida a avaliação que o sujeito tinha de si mesmo e revela, assim, ironia.

- o uso do artigo definido no título ("Os presidentes") mostra que o texto não trata de quaisquer presidentes, mas de *determinados* presidentes, aqueles envolvidos na hilária história política do Brasil, a qual o texto pretende retratar. É exatamente o conhecimento da história política brasileira que possibilita ao leitor saber que os diversos presidentes e vice-presidentes referidos na publicidade (anunciados sempre com o uso de um artigo indefinido – "um presidente", "um outro") são brasileiros.

Esses aspectos, aqui brevemente comentados, são apenas alguns dos muitos que podem ser explorados pelos professores em seu trabalho de reflexão gramatical, a partir de textos efetivamente veiculados.

Considerações finais

Com este capítulo, tivemos a intenção de ajudar o professor de língua portuguesa a repensar sua prática docente, em especial no que se refere ao ensino de conteúdos gramaticais. Mostramos de que maneira o professor pode se servir de textos efetivamente realizados para conduzir seus alunos a reflexões sobre *a língua em funcionamento*, o que envolve, obviamente, refletir não apenas sobre "uma estrutura fixa e acabada", mas, principalmente, sobre os modos pelos quais os interlocutores se servem dos esquemas linguísticos que dominam para desempenhar papéis sociais durante a interlocução, revelando intenções comunicativas e atuando sobre o interlocutor.

Para nós, seria motivo de tristeza saber que as sugestões aqui apontadas foram utilizadas pelos professores como fórmulas. Em vez disso, gostaríamos que elas funcionassem como estímulos para que os professores se sentissem encorajados a buscar novos conhecimentos sobre a sua língua, a realizar novas leituras e novas pesquisas, que os levassem a encontrar novos materiais e a conceber novas atividades para a sala de aula.

Segundo Mendonça (2006, p. 201-202), "muitos professores não encontram outra razão para ensinar o que ensinam nas aulas de gramática, a não ser a força da tradição, revelando uma prática docente alienada de seus propósitos mais básicos". Acreditamos que cabe a cada professor mudar essa realidade. Contudo, essa mudança somente será possível a partir da compreensão e da aceitação de que o estudo da gramática, na escola, faz muito mais sentido se estiver ancorado em textos situados em práticas sócio-históricas de uso da língua.

Referências

BRASIL. Ministério da Educação; Secretaria de Educação Básica. *Parâmetros Curriculares Nacionais*. Brasília: MEC/SEF, 1999.

BUNZEN, C. Da era da composição à era dos gêneros: o ensino de produção de texto no ensino médio. In: BUNZEN, C.; MENDONÇA, M. (Org.). *Português no ensino médio e formação do professor*. São Paulo: Parábola, 2006. p. 139-161.

KOCH, I.; MARCUSCHI, L. A. Processos de referenciação na produção discursiva. *DELTA*, São Paulo, v. 14, n° especial, p. 169-190, 1998.

MARCUSCHI, L. A. Do código para a cognição: o processo referencial como atividade criativa. In: MARCUSCHI, L. A. *Cognição, linguagem e práticas interacionais*. Rio de Janeiro: Lucerna, 2007. p. 61-81.

MARI, H.; MENDES, P. H. A. Processos de leitura: fator textual. In: MARI, H.; WALTY, I.; VERSIANI, Z. (Org.). *Ensaios sobre leitura*. Belo Horizonte: Editora PUC Minas, 2005. p. 155-182.

MENDONÇA, M. Análise linguística no ensino médio: um novo olhar, um outro objeto. In: BUNZEN, C.; MENDONÇA, M. (Org.). *Português no ensino médio e formação do professor*. São Paulo: Parábola, 2006. p. 199-226.

MONDADA, L.; DUBOIS, D. Construction des objets de discours et categorisation: une approche des processus de référenciation. *TRANEL*, n. 23, p. 273-302, 1995.

NEVES, M. H. de M. *Que gramática estudar na escola?* Norma e uso na língua portuguesa. São Paulo: Contexto, 2003.

Capítulo 3

A análise linguística e sua relação com a produção textual

Abda Alves de Souza

Sirlene Barbosa de Souza

No Brasil, nas últimas três décadas, o ensino de língua portuguesa na escola vem sofrendo reestruturações, passando por redefinições bastante marcantes quanto à sua concepção e aos seus objetivos. Tais mudanças têm ocorrido tanto no âmbito do saber acadêmico como nas propostas curriculares para o tratamento didático dos eixos que compõem o ensino de língua materna (leitura, produção de textos orais e escritos e análise linguística) e influenciado, de uma forma ou de outra, a prática pedagógica (SILVA, 2008). Considera-se, atualmente, que esses eixos didáticos estão em constante relação e que, portanto, nenhum deles constitui uma atividade à parte, o que não quer dizer que não tenham sua especificidade.

Uma vez que compartilhamos da ideia de que o ensino da língua deve possibilitar ao indivíduo uma melhor comunicação, tanto oral como escrita, em diversas situações de uso, bem como o desenvolvimento da capacidade de refletir sobre a própria língua, entendemos que o trabalho com a análise linguística deve acontecer de forma articulada ao trabalho com a leitura e a produção de textos. Busca-se, nesse sentido, superar uma tradição centrada na memorização de regras como um fim em si mesmo (GERALDI, 2006a) e o rompimento com a artificialidade quanto ao uso da linguagem que se instaura na sala de aula.

Nessa perspectiva, trataremos de refletir, neste capítulo, sobre o trabalho com esse eixo didático atrelado ao ensino da produção de textos, já que entendemos que a análise linguística se encontra subordinada ao ensino dos demais eixos de ensino da língua. Em um segundo momento, refletiremos sobre a construção e o desenvolvimento das práticas de ensino de professores que lecionam nas séries iniciais do ensino fundamental, envolvendo o ensino da análise linguística e as atividades de produção textual. E, por fim, apresentaremos as nossas considerações finais.

Concepções de análise linguística e de produção de texto

Análise linguística

O trabalho com a gramática, objeto de ensino da língua portuguesa na maioria das escolas brasileiras, tem sido um assunto de grande polêmica e tem dividido opiniões, sobretudo de professores, quanto à importância/validação do seu ensino para a formação de leitores e escritores proficientes.

Sabe-se que, hoje, o principal objetivo do ensino de língua materna é o desenvolvimento da capacidade de comunicação, tanto oral como escrita, de uma língua que o usuário já domina. No entanto, o que se vê nas escolas, mais frequentemente, é que a maior parte do tempo disponível para o trabalho com a língua tem sido destinada a atividades que envolvem a memorização de regras e conceitos dos conteúdos da gramática normativa, e apenas uma pequena parcela desse tempo é voltada para o trabalho com a leitura/escuta e a produção de textos escritos (LEDUR, 1996). Ano após ano, a escola tem-se preocupado em ensinar a forma "correta" de falar e escrever, por meio de regras e exemplos tidos como bons para serem imitados, sem levar em conta as dificuldades dos sujeitos envolvidos no processo nem o uso efetivo da língua numa situação de interação verbal.

O resultado disso, como aponta Ledur (1996), são aulas enfadonhas, alunos que não aprendem a elaborar textos nem assimilam a gramática, além do fracasso, tanto na escola como no vestibular. Mesmo entre aqueles alunos que conseguem adentrar a universidade, grande parte continua sem saber organizar o texto escrito. Contudo, apesar dessas constatações, não é lícito afirmar que a gramática não deve ser ensinada na escola. Na verdade, o que temos de nos perguntar é: "para que e como ensiná-la?".

Diante desse novo panorama, Geraldi (2006b) apontou a necessidade de se criar uma nova expressão – análise linguística – para que fosse estabelecida uma distinção entre o que era feito anteriormente na escola, em termos de ensino de gramática, e o que propunha que fosse feito a partir de então.[1]

Esse autor explicita que o que se pretende com essa expressão é

> [se] referir precisamente a este conjunto de atividades que tomam uma das características da linguagem como seu objeto de estudo: o fato de poder remeter a si própria, ou seja, com a linguagem não só falamos sobre o mundo ou sobre nossa relação com as coisas, mas também falamos sobre como falamos (GERALDI, 2006b, p. 189-190).

Para esse estudioso, a análise linguística seria, ao lado da leitura e da produção de textos, o eixo de ensino em que se analisam os recursos expressivos da língua, considerada esta como uma produção discursiva.

Mendonça (2006, p. 205), em consonância com Geraldi (2006b), pontua que o termo *análise linguística* "surgiu para denominar uma nova perspectiva de reflexão sobre o sistema linguístico e sobre os usos da língua". Nesse sentido, a língua é entendida como uma ação interlocutiva situada que, a todo o momento e em qualquer circunstância, pode sofrer intervenções de seus falantes.

Vale salientar que, no ensino da análise linguística, o trabalho com a gramática normativa não está descartado. Ao contrário do que

---

[1] A respeito da criação da expressão *análise linguística* e de seu significado, veja-se a explanação que se faz no capítulo 1 deste volume.

tem sido tomado como entendimento por parte de muitos professores, a gramática não deve ser eliminada da sala de aula, mas trabalhada num paradigma diferente, cujo objetivo principal deve estar centrado na reflexão "sobre elementos e fenômenos linguísticos e sobre estratégias discursivas com o foco nos usos de linguagem" (MENDONÇA, 2006, p. 206).

Produção de texto

Alguns autores, buscando estabelecer diferenças entre *a escrita da redação escolar* e *a produção de textos*, chamam a atenção para o fato de que, no trabalho com a redação, os textos são produzidos *para* a escola, enquanto na perspectiva da produção textual produzem-se textos *na* escola (GERALDI, 1993).

Analisando o trabalho que se faz na escola, Britto (1990) faz algumas críticas à atividade da redação escolar, enfatizando que ela não se configura como atividade real de significação, mas como "uma atividade linguística artificial," cujo objetivo é treinar o aluno nas "técnicas da escritura": o aprendiz não lê um texto pelo valor que ele possa ter, nem redige um texto como um ato interlocutivo de fato, mas como treinamento. Do mesmo modo, o professor não "lê" o texto produzido, mas avalia a produção do aluno em função de seus "erros e acertos", geralmente relacionados a questões gramaticais e ortográficas.

Marinho (1997), corroborando Britto, acrescenta que, para escrever uma redação escolar, os alunos devem discorrer sobre um tema proposto pelo professor, sem que esse tema tenha sido pensado ou trabalhado anteriormente, pelos alunos. O exercício de redação se dá, assim, numa situação artificial, constituindo uma atividade de produção de textos *para a escola* e *para o professor*.

Numa perspectiva diferente dessa, é necessário, desde as séries iniciais, conscientizar o aprendiz de que o ato de escrever pressupõe, segundo Geraldi (1997), a existência de cinco aspectos a serem considerados: *(1) ter o que dizer; (2) ter motivos para dizer o que se tem a dizer; (3) ter um interlocutor; (4) constituir-se como interlocutor enquanto sujeito que diz o que diz para quem diz; e (5) escolher as estratégias certas para realizar essas ações*. Tendo domínio desses cinco aspectos, o aluno-escritor terá mais condições de elaborar um texto que seja adequado a determinada situação discursiva.

Antunes (2003, p. 45), em consonância com essas ideias, acrescenta que:

> A atividade de escrita é, então, uma atividade interativa de expressão, (ex, "para fora"), de manifestação verbal das ideias, informações, intenções ou sentimentos que queremos compartilhar com alguém, para, de algum modo, interagir com ele. Ter o que dizer é, portanto, uma condição prévia para o êxito da atividade de escrever. Não há conhecimento (lexical ou gramatical) que supra a deficiência do "não ter o que dizer".

Nesse sentido, o objetivo do ensino de produção de textos na escola deve ser o de desenvolver no aluno uma competência discursiva, marcada por um bom domínio da modalidade escrita, sem, no entanto, criar situações artificializadas, possibilitando ao usuário da língua utilizar os recursos linguísticos que julga mais apropriados para a manifestação verbal, aqueles que melhor atendam aos seus objetivos comunicativos.

É de conhecimento geral que, a partir dos anos 1980, o texto ganhou proeminência e passou a ser o objeto de estudo nas aulas de língua portuguesa. Apesar disso, o que se tem assistido, ao longo desses anos, na maior parte das escolas brasileiras, é que o texto tem-se constituído como "gancho" para se trabalhar aspectos gramaticais, em vez de ser trabalhado como espaço para a produção de sentidos. Sobre esse fato, Mendonça (2006) aponta que alguns professores, ao afirmarem trabalhar com a gramática de forma contextualizada, estão, na verdade, mascarando uma prática de análise morfossintática de palavras, expressões ou períodos retirados de um texto. Nesses casos, o trabalho com o texto/a leitura serve apenas de pretexto para o trabalho da análise da gramática tradicional.

Pesquisas realizadas recentemente no Brasil, no âmbito da Linguística, Linguística Aplicada, Sociolinguística e Linguística Textual, têm mostrado que a tradição escolar de avaliação do texto escrito ainda se fundamenta em critérios apenas linguísticos, sem qualquer articulação com as condições de produção do texto. Nesse contexto, a escola tem promovido os alunos pela capacidade de escrever redações que apresentam poucas violações do ponto de vista gramatical e ortográfico, e não pela competência de produzir textos coerentes e coesos, e que sejam adequados às finalidades e aos interlocutores pretendidos.

Adotando como pressuposto básico a ideia de que é indispensável ao professor reconhecer e valorizar nos textos das crianças não apenas os aspectos ortográficos e gramaticais, entendemos como fundamental que os aspectos relativos ao uso dos recursos linguísticos e à textualidade sejam enfatizados na sala de aula já desde os primeiros anos da escolaridade.

Como apontado pelos Parâmetros Curriculares Nacionais de Língua Portuguesa (BRASIL, 1997, doravante PCN), o trabalho com produção de textos deve ter como objetivo formar escritores proficientes, que sejam capazes de produzir textos adequados à situação em que seu discurso se encontra situado, escolhendo, para isso, o gênero que melhor atenda aos seus objetivos e à circunstância enunciativa em questão.

Nesse contexto, entendemos que, para formar um escritor competente, é preciso apostar numa proposta educativa com base no diálogo, na formação de cidadãos que tenham liberdade para ler, escrever e interpretar o mundo, para refletir e criticar a realidade. Tais habilidades devem ser adquiridas pelos alunos progressivamente, a fim de que possam resolver problemas da vida cotidiana, ter acesso aos bens culturais e alcançar a liberdade de uma participação no mundo letrado, assumindo a sua própria palavra, produzindo, assim, textos coerentes, coesos e adequados às finalidades pretendidas.

A análise linguística e a sua relação com a produção de textos: tecendo conexões

Assim como apontam os PCN de Língua Portuguesa, o trabalho com a produção de textos orais e escritos constitui um rico instrumento para explorar atividades de análise e reflexão sobre aspectos da língua, uma vez que é seu objetivo melhorar a capacidade dos alunos de compreender e produzir textos orais e escritos.

Ao discutir sobre o ensino articulado entre esses dois eixos didáticos, Morais e Silva (2006, p. 140) pontuam que a relação entre eles pode ser posta em prática pelo menos de duas formas:

> [...] a análise linguística pode acontecer tanto *durante* como *em continuidade* aos momentos iniciais da produção de textos. No primeiro caso, trata-se de reflexões acerca do uso de conhecimentos linguísticos diversos – como pontuação, paragrafação, coesão, concordância, entre outros – que o docente pode ir desenvolvendo com os alunos durante a escrita da versão inicial de um texto. Nessas ocasiões, o professor estará colaborando, na realidade, na *reflexão durante o processo de produção mesmo do texto* (geração e seleção de ideias, registro e revisão em processo).

Considerando que, segundo Murrie (1994), as crianças conseguem derivar regularidades presentes no sistema gramatical se forem expostas sistematicamente a situações de interação verbal, o ensino da gramática tradicional perde completamente a sua relevância. Partindo do pressuposto de que o estudo puro e simples da gramática não é condição para a formação de leitores e escritores competentes, conclui-se que a aquisição da linguagem e a organização do discurso se darão a partir da vivência de diferentes práticas simbólicas.

Assim, faz-se necessário que o aluno conheça os elementos que caracterizam um texto, que fazem dele uma ocorrência linguística, escrita ou falada, de qualquer extensão, dotada de uma unidade sociocomunicativa, semântica e formal (COSTA VAL, 2006). Ao iniciar o processo de produção, é de grande importância criar situações para que o aluno possa pensar, refletir e coletar informações sobre o tema proposto, para então começar a escrever. É necessário que o escritor, através das práticas de leitura, possa aumentar seu "repertório" de conhecimentos acerca do que pretende escrever.

O aluno deve ser estimulado a tornar-se um proficiente produtor de textos, capaz de produzir diferentes gêneros textuais, a partir de uma prática por meio da qual o professor não se limite a apresentar temas sobre os quais o aluno deve escrever nem utilize esses escritos apenas para pontuar e avaliar os aspectos ortográficos e gramaticais do texto.

Como defende Geraldi (2006b, p. 74), "essencialmente, a prática da análise linguística não poderá limitar-se à higienização do texto do aluno em seus aspectos gramaticais e ortográficos, limitando-se a correções". Assim, o que o professor deve fazer é posicionar-se como interlocutor que promove o levantamento de ideias prévias dos alunos e oportuniza situações de escrita no âmbito da sociocomunicabilidade.

Propor atividades que antecedam a produção do texto escrito também possibilita ao aluno refletir e coletar informações sobre o tema proposto, sobre o gênero a ser produzido, a estética adequada ao texto que ele pretende escrever, entre outros aspectos. Tais atividades podem centrar-se, ainda, no diálogo, no levantamento dos conhecimentos prévios dos alunos, na leitura de textos, na pesquisa orientada, etc.

Outro aspecto imprescindível no trabalho de produção textual é que ele deve envolver avaliação, revisão e reescrituras por parte do produtor do texto. Muitas vezes, o aluno costuma escrever seu texto sem ter feito um esboço do que vai apresentar – contenta-se com uma única versão. É necessário que ele rascunhe o que está pensando, que perceba a "provisoriedade dos textos" e que reflita sobre o que está produzindo, por meio da análise de todo o processo de (re)escrita.

Segundo Rocha (1999), o trabalho de reescritura e revisão do texto propicia à criança reelaborar concepções acerca da sua estrutura, sem que, necessariamente, precise memorizar/recitar as regras que regem a norma culta. Reescrevendo seu texto, ela pode analisá-lo e verificar se faltam ou não informações, se o texto cumpre seus propósitos comunicativos, se está legível, se as formas selecionadas estão adequadas e, ainda, verificar questões relacionadas à ortografia, à morfossintaxe e ao emprego adequado dos sinais de pontuação. Ainda de acordo com essa autora, a revisão textual também contribui para que a criança, desde muito cedo, reelabore o texto considerando aspectos relativos ao nível de informatividade do texto e à adequação social, entre outras coisas.

Vale salientar que reescrever um texto, alterando-o por meio de acréscimos, reduções, ampliações, substituições, não é tarefa fácil. Ainda assim, a atividade de reescrita deve começar desde cedo, pois escritores iniciantes já são perfeitamente capazes de perceber problemas na escrita de seus textos e de propor soluções.

Discorrendo sobre essa questão, Geraldi (2006b) afirma que o objetivo essencial da análise linguística é a reescrita do texto do aluno e enfatiza que essa ação não exclui a possibilidade de o professor organizar atividades outras a partir do tema estudado, levando os aprendizes a perceber os aspectos sistemáticos da sua língua.

Acreditamos que as habilidades necessárias que o escritor deve adquirir são construídas ao longo do tempo. O aluno aprende a escrever escrevendo, sendo ensinado a fazê-lo. Por meio das práticas de leitura e de produção de textos, ele terá condições reais de desenvolver seu potencial crítico-reflexivo, adquirindo novas formas de expressão e interação com seu interlocutor, de maneira adequada e criativa. Assim, podemos dizer que um texto escrito é o resultado de um processo em que ocorreu a transformação de um significado pretendido em uma forma expressa.

Articulando as práticas de análise linguística à produção textual: proposição de atividades

Para a reflexão acerca das atividades que envolvem o trabalho com a análise linguística e a produção textual, apresentaremos os dados obtidos a partir das observações realizadas nas classes de duas mestras[2] que atuavam em turmas do 2º ano do 2º ciclo (antiga 4ª série), nas redes municipais das cidades de Recife e Olinda.[3]

Procedemos à observação de suas práticas, buscando compreender como ambas construíam e desenvolviam suas aulas no tocante ao trabalho com esses dois eixos didáticos. As observações ocorreram no período compreendido entre os meses de agosto e novembro de 2009.

Gostaríamos de iniciar a reflexão sobre as atividades desenvolvidas nas classes das mestras enfatizando que ambas as professoras afirmaram sentir dificuldades em propor um ensino articulado entre a

---

[2] Com a intenção de preservarmos o anonimato das professoras, faremos referência à mestra que lecionava em Recife como Professora 1 e à que lecionava em Olinda como Professora 2.

[3] Os dados aqui evidenciados são o produto de uma pesquisa de mestrado intitulada *Entre o ensino da gramática e as práticas de análise linguística: o que pensam e fazem os professores do ensino fundamental?* e apresentam partes dos resultados de uma investigação sobre as práticas de análise linguística desenvolvidas por duas professoras.

análise linguística e os demais eixos da língua, e destacaram a ausência de formações continuadas que dessem conta de esclarecer o que propunha esse "novo" ensino da gramática na sala de aula. Podemos observar isso no relato da Professora 1, a seguir:

> Como a gente não foi preparada pra trabalhar com a gramática a partir do texto, pra gente fica difícil trabalhar a gramática contextualizada, porque a gente não foi preparada dessa forma. Aí essa é a maior dificuldade que os professores têm. Então muitos ainda continuam trabalhando a gramática isolada e não contextualizada, porque eles não têm... não sabem como fazer.

Embora as professoras tivessem afirmado sentir dificuldades em propor um trabalho que envolvesse o ensino dos conhecimentos linguísticos e os demais eixos da língua, nas aulas construídas por elas, constatamos que ambas recorriam a vários caminhos ao conduzir o processo de ensino-aprendizagem com os fenômenos linguísticos. Tal postura assumida pelas docentes vem corroborar com a colocação de Mendonça (2006, p. 200), de que "quando se trata do que acontece na sala de aula, não há padrões inflexíveis, modelos fixos", e evidencia o momento de mudanças, de transformações vivenciado por elas em relação aos objetivos que ambas possuíam para o trabalho com a língua e com a gramática na escola.

Apresentaremos, a seguir, algumas atividades desenvolvidas pelas professoras ao explorarem o ensino da análise linguística a partir da produção de textos (foco desse estudo). A atividade que trazemos para a discussão aparece como culminância de um projeto que a Professora 1 vinha desenvolvendo na sala de aula sobre o trânsito.[4]

Em 22 de setembro de 2009, após a leitura e exploração oral e escrita da história "Um passeio no passado", a professora separou os alunos em grupos e entregou-lhes alguns folhetos informativos do Detran, para que lessem as informações neles contidas e discutissem entre si.

Em seguida, passou a explorar o material fazendo algumas perguntas com o objetivo de levantar os conhecimentos prévios dos

---

[4] A escola onde a Professora 1 trabalhava estava envolvida em um projeto desenvolvido pelo Detran, em parceria com algumas escolas da rede municipal de Recife, sobre a conscientização acerca dos cuidados no trânsito.

educandos acerca do gênero abordado, bem como em relação às suas características, à finalidade do suporte, às condições de circulação e à sua forma de organização estrutural.

Após esse momento, a Professora 1 propôs uma atividade de produção textual em grupos. Como forma de ativar os conhecimentos prévios dos aprendizes acerca da temática que eles escreveriam, ela tomou como ponto de partida as atividades já vivenciadas pelos alunos na sala de aula em outros momentos (projeto sobre o trânsito).

Vejamos essa dinâmica utilizada por ela em um dos extratos de sua aula, a seguir.

P: Agora... dando continuidade ao nosso projeto do trânsito, hoje nós vamos fazer uma atividade em grupo. Cada grupo recebeu um folheto informativo e cada um tem um título diferente, por exemplo, esse daqui tem: "Pequenos pedestres, grandes cuidados". Então o que vocês vão fazer? Vão ler o que tem de informação nesse folheto, vão discutir com o seu grupo o que acham que de mais importante tem aqui e que podem repassar para a sua turma como orientação. Aí cada grupo vai elaborar um cartaz com essas informações!

Nós já ouvimos e discutimos aqui na sala duas histórias que falam sobre o trânsito: a da cidade de Paraíso e "A viagem ao passado de Teco", né? (Referindo-se a histórias que ela havia contado na sala, em outros momentos.)

T: Fooooiiiii!

P: Teco viajou no passado e fez essa comparação de como era o trânsito no passado e hoje em dia e também uma comparação entre a cidade de Paraíso e a cidade de Piração. Então, para que esses folhetos? Para que a gente aprofunde mais os conhecimentos sobre como melhorar o comportamento no trânsito, certo?

Lembrem-se! Toda vez que a gente for escrever um texto, tem que pensar em quem vai ler o texto! No primeiro momento, vocês vão fazer a leitura do texto, discutir com o seu grupo e organizar as ideias no caderno. Vão pensar quais as informações que serão colocadas no cartaz, entendeu?

Observamos, também, que, antes de solicitar que os alunos escrevessem, a professora relembrou aos alunos as características e a função do cartaz (já trabalhado com eles em outros momentos) e estabeleceu uma comparação entre esse suporte e os panfletos, como podemos ver a seguir.

P: *Mas antes de escrever o texto, vamos pensar sobre as diferenças e semelhanças entre um cartaz e um panfleto? Em que ele se parece com esses panfletos que eu entreguei para vocês? Em que ele se diferencia? (A professora passou a discutir com os alunos questões referentes aos aspectos estruturais e aos objetivos dos suportes em questão.)*

Lembrem-se qual a função do cartaz e que o texto não pode ser muito longo! Tem que ser objetivo! O que mais precisamos prestar atenção quando escrevemos um cartaz?

A: *O tamanho da letra, o título tem que ser escrito com letras maiores que o restante do texto, não pode ser muito grande o texto...*

P: *O texto escrito tem de ser escrito de forma clara, usando a pontuação adequada para que quem for ler entenda o que vocês quiseram dizer, essas coisas que já discutimos quando produzimos cartazes numa outra vez.*

Como forma de auxiliar os alunos na realização da tarefa, a professora foi até o quadro e escreveu um roteiro para que eles o tivessem como guia para a realização da atividade. O roteiro proposto fazia referência aos aspectos da textualidade e àqueles relacionados à normatividade, tais como a ortografia, a concordância verbo-nominal e o emprego dos tempos verbais, os quais, segundo ela, eram os assuntos que geravam maior dificuldade nos alunos e cuja aprendizagem ela pretendia consolidar.

Assim, a Professora 1, ao circular pelos grupos, aproveitava as dificuldades e dúvidas apresentadas pelos alunos na redação de seus textos para transformá-las em questões de reflexão para o grupo e para toda a turma. Desse modo, ia reproduzindo no quadro alguns trechos dos textos escritos por eles e questionava-os quanto à melhor forma de escrever as informações, chamava a atenção deles para a concordância do verbo em relação às demais palavras, a paragrafação e a pontuação adequada para obter o efeito de sentido que eles pretendiam causar no texto, etc.

Nesses momentos, a docente buscava explorar os fenômenos linguísticos de forma articulada, levando os aprendizes a perceberem a necessidade de esses fenômenos serem empregados adequadamente para dar fluidez ao texto e garantir a compreensão da mensagem por parte dos seus interlocutores, numa situação real de uso.

Essa dinâmica desenvolvida pela professora foi de suma importância para o trabalho de análise e reflexão sobre a língua, pois, como bem coloca Geraldi (2006b, p. 74), "trata-se de trabalhar com o aluno o seu texto, para que ele atinja seus objetivos junto aos leitores a que se destina".

Ainda em relação ao trabalho de escrita do texto, observamos que a docente, ao pedir que os aprendizes se organizassem em grupos para a realização da atividade, sugeriu que eles escrevessem uma primeira versão daquilo que seria apresentado nos cartazes a serem confeccionados em um momento posterior. Mais uma vez, a estratégia utilizada por ela mostra-se bastante relevante para que os alunos testem, comparem, criem e recriem diferentes formas de expressar, por escrito, as suas ideias. Como bem coloca Morais e Silva (2006), durante a escrita da primeira versão do texto, o professor pode ir desenvolvendo com o aluno reflexões acerca do uso de diversos fenômenos linguísticos (pontuação, paragrafação, geração e seleção de ideias, entre outros aspectos).

Nesses momentos, os alunos tiveram a oportunidade, ainda, de confrontarem/negociarem com os demais integrantes do grupo a forma mais pertinente de apresentar as informações. Sobre essa dinâmica, Smolka (1988) pontua que a interação com pares ou grupos na construção da linguagem escrita tem um papel muito importante, visto que oportuniza várias aprendizagens que não acontecem facilmente e exigirá a negociação de ideias e o ato de lidar com as posições ocupadas por outros indivíduos, na interação.

A condução da atividade pela professora também permitiu que os alunos, ao rascunharem suas ideias, pudessem perceber a "provisoriedade dos textos", refletindo sobre o que estavam produzindo e analisando todo o processo de (re)escrita.

Para Rocha (1999), o trabalho de revisão e reescritura do texto é de fundamental importância, por permitir ao produtor ver seu texto numa outra perspectiva. Assim, na tarefa de produzir um texto, inicialmente a atividade reflexiva do escritor está voltada para determinados aspectos. Após a revisão, essa atividade reflexiva poderá centrar-se em questões mais relacionadas ao plano textual e discursivo, além de focalizar questões relativas às normas gramaticais e às convenções gráficas. O escritor poderá, então, refletir sobre possíveis alternativas de grafia, comparar as diversas formas com a escrita convencional e tomar consciência, progressivamente, do funcionamento da ortografia.

Ainda em relação à atividade proposta pela Professora 1, verificamos que ela criou uma situação de circulação social para os textos produzidos pelos alunos, levando-os a pensar nos seus interlocutores e a refletir sobre a maneira mais adequada de apresentar as informações ao seu interlocutor.

Em outro trecho da aula, a professora orienta:

> *P: Em um outro momento, após vocês terem terminado a versão final do texto, vocês vão passar a limpo em uma cartolina e vão apresentar oralmente para a turma. Depois eu vou expor esses cartazes num painel, para que essas informações não fiquem só aqui na turma... Além de vocês apresentarem aqui na turma, eu vou fazer a exposição dos cartazes no pátio, para que essas informações cheguem aos outros colegas da escola e para as outras pessoas que convivem aqui também.*

Como podemos ver, a atividade de produção textual desenvolvida foi aproveitada pela Professora 1 para que ela pudesse refletir com os alunos sobre questões relacionadas tanto aos aspectos discursivos e textuais como aos aspectos gramaticais do texto.

Apresentaremos, agora, outro exemplo de atividade desenvolvida pela professora que lecionava em Olinda (Professora 2).

Em 7 de outubro de 2009, a Professora 2 iniciou a aula escrevendo no quadro o poema "A casa", de Vinicius de Moraes. Ela nos relatou que havia optado pelo trabalho com esse gênero pela possibilidade de explorar, entre outros aspectos, questões relativas principalmente à grafia/ortografia de algumas palavras, já que boa parte de seus alunos ainda era alfabética, apresentando muitas dificuldades para grafar palavras que possuíam sons iguais e/ou parecidos.

Dando continuidade à aula, ela realizou a leitura do texto e buscou resgatar os conhecimentos dos discentes acerca dos elementos que caracterizam um poema. Na sequência, releu o poema algumas vezes e pediu que os alunos prestassem bastante atenção nas palavras que apresentavam sons iguais e/ou parecidos, enquanto as grafava no quadro. Como os alunos apresentavam dificuldades em identificar e formar os pares das palavras que rimavam, ela, então, aproveitou esse momento para refletir sobre a escrita das palavras, enfatizando o número de sílabas que elas possuíam e, sobretudo, os sons produzidos pelas sílabas finais.

A Professora 2 enfatizou que, geralmente, quando duas palavras rimam é porque ambas possuem a sílaba final escrita da mesma forma, mas que isso não era uma regra imutável, visto que outras palavras também possuíam os sons finais iguais, mas eram escritas de formas diferentes; e passou a exemplificar isso escrevendo outras palavras no quadro e pedindo que os aprendizes pensassem em outras mais, que pudessem servir como exemplos.

Com o objetivo de propor uma reflexão acerca da estrutura do texto e dos recursos linguísticos empregados pelo autor para obter os efeitos de sentido que pretendia, a docente buscou explorar o significado de algumas palavras, a partir de situações em que os alunos pudessem analisar, comparar e refletir sobre os seus significados, no contexto em que tinham sido empregadas.

Em certo momento da leitura do texto, a professora escreveu a palavra "esmero" no quadro, isolada do restante do texto, e perguntou aos alunos o seu significado, mas eles não conseguiram explicar. A professora, então, pediu que eles a observassem no texto e buscassem entender o que o autor teria querido dizer ao empregá-la naquele contexto.

Em seguida, a Professora 2 propôs a produção coletiva de um poema, tendo o texto trabalhado como modelo. Para essa atividade, solicitou que os alunos escolhessem uma temática e chamou a atenção deles para as palavras a serem usadas na composição do texto. Ela também enfatizou que, ao pensar nas estrofes, os aprendizes precisariam escolher palavras que rimassem e, ao mesmo tempo, fizessem sentido no contexto em que elas seriam empregadas.

Assim, à medida que os discentes iam apresentando suas sugestões, também iam buscando no poema "A casa" a referência para a escrita, lendo-o várias vezes, comparando o quantitativo de versos e estrofes usado pelo autor, o ritmo e a sonoridade alcançados pelas palavras empregadas, entre outros aspectos.

A transcrição a seguir nos mostra essa dinâmica desenvolvida por ela.

P: Muito bem, agora nós vamos fazer a mesma coisa que a gente fez com o texto das borboletas... (poema de Vinicius de Moraes trabalhado em uma aula anterior). O que foi que a gente fez depois que estudamos o texto das borboletas?

T: Fez outra poesiiiiiiia!

P: Então, vejam só! A gente vai criar uma outra poesia, coletivamente, observando as estrofes e os versos do texto que nós lemos hoje (apontou para o poema no quadro). Eu vou começando, vou escrevendo, vocês vão me dizendo e a gente vai construindo, ok? Vejam, aqui começa "A casa" (referindo-se ao título da poesia)... a gente vai falar sobre o quê?

A1: A sala, tia!

P: A sala? E aí, o que vocês acham?

A2: É tia, é!

T: Éééééé!

P: Então, vamos lá!

A professora, à medida que ia lendo os versos do texto, pedia que os alunos adequassem as informações nele contidas à temática sugerida por eles. Ela aproveitou esse momento para fazer perguntas sobre questões relacionadas à coerência das informações empregadas, à concordância nominal e verbal, à grafia correta das palavras que estavam sendo escritas, para questionar se as palavras estavam rimando, para comparar e/ou substituir essas palavras por outras, etc.

Após esse momento, a Professora 2 formou duplas entre os alunos e solicitou que produzissem um poema escrito, que deveria ser apresentado para a turma, oralmente. Ao dar os comandos para a atividade, ela informou aos alunos que a escolha do tema para a escrita do texto era livre e mais uma vez enfatizou que eles deveriam observar os poemas abordados durante a aula (o de Vinicius de Moraes e o construído pela turma), tomando-os como modelo. Em seguida, entregou-lhes uma folha de papel, na qual deveria ser escrita a primeira versão do texto.

A docente enfatizou que, ao pensarem nas estrofes a serem escritas, os alunos precisariam escolher palavras que rimassem e, ao mesmo tempo, fizessem sentido no contexto em que estivessem sendo empregadas. Após concluírem seus textos, os alunos os leram para toda a turma, enquanto a mestra os escrevia no quadro. Esse momento foi aproveitado pela professora para sistematizar questões referentes ao emprego dos sinais de pontuação e da escrita das palavras (objetivo traçado ao selecionar o gênero poema), além de outros aspectos relacionados à coesão e coerência, explorados por ela, a partir de outros exercícios propostos.

Concordamos com Morais e Silva (2006) em que o ensino de análise linguística a partir da produção de textos escritos não se deve limitar à geração e revisão de textos. Diferentemente, uma vez detectadas necessidades de aprendizagem de conhecimentos linguísticos dos alunos, o ensino desses conhecimentos deve ser sistematizado *posteriormente*. Segundo esses estudiosos, "assim como a reflexão sobre a língua precisa ocorrer nas situações de leitura e produção textuais, devemos, quando oportuno, propor aos aprendizes a vivência de atividades de análise linguística que funcionem também fora daquelas práticas com textos" (Morais; Silva, 2006, p. 149).

Assim como a Professora 1, também a Professora 2 aproveitou a atividade de produção textual para refletir com os alunos sobre aspectos relativos tanto ao plano discursivo quanto ao plano textual e gramatical do texto.

Algumas considerações finais sobre o trabalho com a análise linguística e a produção de textos, na escola

As mudanças ocorridas nas últimas décadas em relação à concepção e aos objetivos do ensino da língua portuguesa na escola passaram a se refletir no tratamento dado aos conteúdos escolares e na necessidade de se investir em um ensino dos "conhecimentos linguísticos" articulado à leitura e à produção de textos escritos, na tentativa de superar a tradição centrada na memorização de regras e taxonomias como um fim em si mesmas. Tais mudanças também se têm refletido nas práticas docentes, principalmente a partir da reconstrução dessas práticas com base em outras já experimentadas em outros momentos. É notório, nesse sentido, o esforço de aproximar o ensino referente ao eixo da análise linguística daquilo que vem sendo apregoado a partir das mudanças/transformações originadas nos anos 1980: o texto como objeto principal do ensino de língua e o ensino da análise linguística atrelado ao texto.

Ao concluir este capítulo, gostaríamos de ressaltar que, em um trabalho articulado entre os eixos da análise e reflexão sobre a língua e a produção de textos, é preciso considerar, entre outros aspectos, aqueles relacionados às especificidades dos diferentes gêneros a serem produzidos, bem como suas dimensões textual e normativa. É necessário, ainda, levar os aprendizes a refletir sobre as características dos gêneros, sobre as esferas de sua circulação social e sobre a forma mais adequada de apresentar seu texto ao leitor. Somente assim os alunos atentarão para o uso dos recursos linguísticos mais apropriados, aqueles recursos que levarão o texto a cumprir a finalidade para a qual se destina (MORAIS; SILVA, 2006).

Referências

ANTUNES, I. *Aula de português*: encontro e interação. São Paulo: Parábola, 2003.

BRASIL. Ministério da Educação e do Desporto; Secretaria de Educação Fundamental. *Parâmetros Curriculares Nacionais*: Língua Portuguesa. 1º e 2º ciclos – Brasília: MEC/SEF, 1997.

BRITTO, L. P. L. A redação: essa cadela. *Leitura: Teoria e Prática*, ano 9, n. 15, p. 17-21, jun. 1990.

COSTA VAL, M. G. *Redação e textualidade*. 3. ed. São Paulo: Martins Fontes, 2006.

GERALDI, J. W. *Portos de passagem*. 2. ed. São Paulo: Martins Fontes, 1993.

GERALDI, J. W. Da redação à produção de textos. In: CHIAPPINI, L. (Coord.). *Aprender e ensinar com textos*. São Paulo: Cortez, 1997. v. 1.

GERALDI, J. W. Concepções de linguagem e ensino de português. In: GERALDI, J. W. (Org.). *O texto na sala de aula*. 4. ed. São Paulo: Ática, 2006a. p. 39-46.

GERALDI, J. W. Unidades básicas do ensino de português In: GERALDI, J. W. (Org.). *O texto na sala de aula*. 4. ed. São Paulo: Ática, 2006b. p. 59-79.

LEDUR, P. F. Gramática ou língua portuguesa? *Jornal Contato Editorial*, Porto Alegre, nº 7, ano 2, maio 1996.

MARINHO, J. H. C. A produção de textos escritos. In: DELL'ISOLA. R. L.; MENDES, E. A. (Org.). *Reflexões sobre a língua portuguesa*: ensino e pesquisa. Campinas: Pontes, 1997.

MENDONÇA, M. Análise linguística no ensino médio: um novo olhar, um outro objeto. In: BUNZEN, C.; MENDONÇA, M. (Org.). *Português no ensino médio e formação do professor*. São Paulo: Parábola, 2006.

MORAIS, A. G.; SILVA, A. Produção de textos escritos e análise linguística na escola. In: LEAL, T. F.; BRANDÃO, A. C. P. (Org.). *Produção de textos na escola*: reflexões e práticas no ensino fundamental. Belo Horizonte: Autêntica, 2006. p. 135-149.

MURRIE, Z. F. Reflexões sobre o ensino/aprendizagem de gramática. In: MURRIE, Z. F. (Org.). *O ensino de português*: do primeiro grau à universidade. 3. ed. São Paulo: Contexto, 1994.

ROCHA, G. *A apropriação de habilidades textuais pela criança*. Campinas: Papirus, 1999.

SILVA, A. *Entre "ensino de gramática" e "análise linguística"*: um estudo sobre mudanças em currículos e livros didáticos. 2008. Tese (Doutorado em Educação) – Programa de Pós-Graduação em Educação, Universidade Federal de Pernambuco, Recife, 2008.

SMOLKA, A. L. B. *A criança na fase inicial da escrita*: a alfabetização como processo discursivo. São Paulo: Cortez/Ed. da Unicamp, 1988.

Capítulo 4

Revisão textual e ensino de análise linguística nos anos iniciais do ensino fundamental

Renata Maria Barros Lessa de Andrade

Ana Gabriela de Souza Seal

Telma Ferraz Leal

Nos capítulos 1 e 2 deste livro, foram retomadas diferentes concepções sobre língua e ensino de língua, revivendo-se uma discussão já bastante frequente no meio educacional de que ensinar uma língua não é simplesmente ensinar um conjunto de regras gramaticais. Tal pressuposto já aparecia em propostas curriculares de língua portuguesa nos anos 1980 e 1990, como demonstrou Marinho (1998), ao analisar 19 propostas curriculares de diferentes estados brasileiros.

A autora mostrou que havia, nesses documentos, uma ênfase na ruptura entre as "novas propostas" e a "perspectiva tradicional". Em relação ao nosso objeto de reflexão – o ensino da análise linguística –, a autora aponta que havia um esforço nos documentos para relativizar a importância da gramática. Assim, o foco das discussões recaía na importância das habilidades de ouvir, falar, ler e escrever

Em relação ao ensino da gramática, foi observado que a maior parte das propostas curriculares não tinha uma seção destinada à indicação de quais seriam os objetos de ensino. Havia, ainda, contradições entre princípios metodológicos e concepções de língua e conhecimentos a serem aprendidos. Por exemplo, em algumas propostas eram expostos princípios de que o ensino da gramática deveria ocorrer por meio das atividades de leitura e de produção de textos e no final do documento apareciam listas de conteúdos relativos à teorização gramatical desprovidos de relação com os sentidos textuais. Havia, em algumas propostas, o pressuposto de que o ensino da gramática deveria ser feito para auxiliar os estudantes a constituir sentidos nos textos, mas, nos princípios metodológicos, não havia orientações acerca das relações entre o estudo da gramática e de leitura/escrita. Enfim, a autora mostrou que as propostas tinham avançado muito, sobretudo por valorizarem mais as dimensões interacionais da língua e apontarem que o texto seria o objeto central de ensino, mas, em relação ao ensino da gramática, eram omissas ou contraditórias.

A revolução ocorrida, sobretudo, na década de 1980, no Brasil, que repercutiu nas reformas apontadas no parágrafo anterior e nas que vieram posteriormente, culminou em certo consenso de que o currículo do componente língua portuguesa deve abarcar muito mais do que normas e prescrições da fala e da escrita. Na verdade, tem-se, hoje, a hegemonia de um pensamento mais voltado para a ideia de que o ensino de língua no ensino fundamental, principalmente nos anos iniciais, precisa ser focado, sobretudo, no trabalho voltado para o desenvolvimento de conhecimentos e habilidades que tornem os estudantes usuários autônomos da escrita e da fala. Isto é, propõe-se que, assim como defendem Dolz e Schneuwly (2004, p. 49), os objetivos principais relativos ao ensino da língua materna sejam: "dominar a língua em situações variadas", "desenvolver estratégias de autorregulação" e "construir representações das atividades de escrita".

Assim, o ensino tem sido deslocado para questões mais voltadas aos usos da língua em situações variadas. Busca-se, na verdade, nesta abordagem, promover um ensino em que os aprendizes possam lidar com diferentes textos, em diferentes situações. Os autores supracitados defendem ainda que o currículo contemple conteúdos e habilidades que possam promover o desenvolvimento de capacidades de ação (adaptar-se às características do contexto e do referente), capacidades discursivas (mobilizar modelos discursivos) e capacidades linguístico-discursivas (dominar operações psicolinguísticas e unidades da linguagem). Nesse sentido, propõe-se, em uma perspectiva sociointeracionista, que o ensino seja conduzido de modo que os alunos aprendam a construir representações sobre variadas situações de interação em que precisam falar/ouvir/ler/escrever, planejando, monitorando e avaliando sua própria atividade linguística, mobilizando diferentes gêneros discursivos.

Para dar conta dessas tarefas, as habilidades e os conhecimentos relativos a diferentes unidades e recursos linguísticos que favorecem os processos de compreensão e de produção de textos orais e escritos também compõem o elenco de "necessidades" curriculares na área de ensino de língua. Desse modo, a análise linguística vem ocupando, neste início de século, um espaço diferente do que ocupava anteriormente. Vem retomando sua relevância, sendo encarada, diferentemente das tendências mais tradicionais, como um eixo que perpassa os outros eixos de ensino, embora tenha sua autonomia como objeto de aprendizagem. A ideia é que sejam contemplados objetivos didáticos que explicitem as relações entre conhecimentos gramaticais e constituição de sentidos textuais e que indiquem aspectos relevantes da teorização sobre a língua em relação às práticas sociais.

Neste contexto, os diferentes eixos de ensino de língua – leitura, produção de textos escritos, oralidade e análise linguística –, embora tenham especificidades a serem foco de atenção, são vistos de modo integrado. No caso do eixo análise linguística, podemos destacar que seu ensino, sobretudo nos anos iniciais do ensino fundamental, é cada vez mais vinculado às reflexões sobre os usos de recursos linguísticos que possam garantir maior consistência aos textos produzidos e sobre o uso das pistas gramaticais que ajudam a interpretar textos.

Considerando tal maneira de conceber o currículo do componente língua portuguesa, discutiremos, neste capítulo, sobre revisão de textos escritos, tentando evidenciar o quanto o ensino da análise linguística pode (e deve) ser vinculado ao ensino de produção de textos. Para começarmos tal debate, dialogaremos inicialmente com autores que realizaram estudos empíricos destinados à investigação dos processos de revisão textual por crianças.

Revisão textual por estudantes dos anos iniciais do ensino fundamental: o que as crianças são capazes de revisar?

Ao abordar a necessidade de se discutir a revisão textual como um conteúdo pertinente do trabalho com a linguagem, incluído nos eixos de análise linguística e de produção de textos, torna-se fundamental situarmos experiências que apontem para a pertinência dessa proposta no trabalho com crianças que estejam no início da escolarização. Dessa forma, nesse primeiro momento, teceremos apreciações sobre uma pesquisa que realizamos com discentes de uma segunda série do ensino fundamental,[1] na rede municipal de ensino de Jaboatão dos Guararapes/ PE (SEAL; LESSA DE ANDRADE; LEAL, 2007). O objetivo principal da pesquisa era verificar se havia indícios de revisão textual em textos produzidos por crianças dos anos iniciais do ensino fundamental e, ao identificar esses indícios, categorizar as marcas de refacção textual quanto ao tipo de mudança feita.

Pautada na ideia de que produzir textos é uma atividade social e, portanto, precisa ocorrer, na escola, em contextos significativos de interlocução, esta pesquisa buscou investigar as estratégias de revisão de textos em situações em que os estudantes estivessem engajados em contextos similares a outras situações extraescolares. Buscou-se, portanto, garantir boas condições de produção de textos. Acreditávamos, e ainda acreditamos, que só em situações de interlocução significativas para os estudantes poderíamos incitar a necessidade de revisar os textos produzidos. Para dar conta de tal princípio, a pesquisa foi conduzida por meio de um projeto didático no qual os alunos foram desafiados a escrever artigos de opinião para submeterem a um jornal da região, acerca de temáticas escolhidas por eles mesmos, por meio de votação. Os alunos votaram na temática "desarmamento", motivados, certamente, pelo fato de estarem somente a pouco mais de um mês após o resultado do referendo promovido pelo Governo Federal, em 2005.

---

[1] 2ª série do ensino fundamental de 8 anos, que corresponde, em termos de faixa etária, ao terceiro ano do ensino fundamental de 9 anos (em torno de 8 anos de idade).

Essa escolha dos alunos da segunda série por uma temática que, nos meios midiáticos de maior abrangência em nosso país, já havia sido sepultada um mês antes, nos indica certa insatisfação com os resultados atingidos pelo referendo ou, pelo menos, uma inquietação diante dos resultados obtidos.

As crianças foram desafiadas a produzir os textos que seriam enviados para publicação no jornal local escolhido por elas. Para isso, foram propostas cinco situações nas quais os alunos tiveram possibilidade de revisar seus textos e torná-los mais claros e convincentes:

1º momento: sozinhos, sem ajuda;

2º momento: em duplas – sem ajuda da professora, que apenas incentivava o trabalho dos discentes;

3º momento: sozinhos, após apontamentos dos colegas;

4º momento: em duplas – com ajuda da docente, a partir da solicitação dos alunos;

5º momento: sozinhos – escrita do texto final.

Foi solicitado à professora que organizasse as aulas em que tais momentos de revisão aparecessem, garantindo boas condições de produção de textos, como foi dito no segundo parágrafo deste tópico. A docente organizou oito aulas, que foram gravadas.

Para a constituição das duplas, a professora agrupou alunos que tinham níveis de apropriação diferenciados – mas aproximados – em produção de textos, possibilitando uma troca mais efetiva de conhecimentos. Tal decisão foi consequência dos resultados da pesquisa realizada por Leal e Luz (2001), que, ao investigarem a interação entre pares em situações de escrita de textos, mostraram que os avanços durante a revisão eram maiores nas produções das duplas heterogêneas de níveis próximos.

Na situação de escrita proposta, como já foi dito, os alunos puderam produzir textos cujos interlocutores e cujas finalidades foram explicitados logo no início da atividade. Existia, assim, uma necessidade externa (não apenas com propósitos de aprendizagem escolar) de revisar os textos. O interlocutor final do texto era o público leitor do jornal. Esses interlocutores foram relembrados pela professora em diversos momentos das aulas e citados pelos alunos como pessoas que eles não conheciam e como as pessoas da comunidade, que acessavam o jornal. Nessa experiência, os alunos sabiam, desde o início, que os textos que produzissem seriam revisados por eles mesmos e, posteriormente, pelos colegas da turma. Isso fez com que os interlocutores da produção fossem, em primeiro lugar, os colegas da sala e, posteriormente, os leitores do jornal escolhido para envio dos artigos.

No projeto didático, uma das preocupações que orientaram o trabalho foi levar os alunos ao conhecimento do gênero textual proposto: artigo de opinião de jornal. Dessa forma, a docente centrou o trabalho em leituras e explorações de artigos de opinião, para subsidiar as produções dos alunos. Após alguns dias de leitura, exploração e sistematização da função social do gênero e de suas principais características (sociointerativas, composicionais e estilísticas), os alunos foram estimulados a produzir seus textos. Para a produção, houve a necessidade do estudo também da temática escolhida.

No desenvolvimento do projeto didático, os 39 (trinta e nove) alunos da sala puderam participar das atividades. Contudo, para a pesquisa, selecionamos apenas três duplas, que tinham participado de todas as fases do trabalho, para uma análise detalhada dos processos de revisão textual.

Ao analisarmos as marcas de revisão e as diferenças entre as versões dos textos, pudemos perceber que os aspectos que receberam maior atenção dessas duplas foram conteúdo (o que é dito no texto) e ortografia, seguidos de pontuação, concordância nominal e, com menor frequência, os recursos de estabelecimento da coesão textual e concordância verbal. Pudemos ver, desse modo, que os estudantes, quando em situação de interlocução efetiva, revisam diferentes dimensões do texto. O conteúdo textual é o foco central de atenção, mas aspectos gramaticais também ganham relevância no trabalho dos estudantes.

Abaurre, Fiad e Mayrink-Sabinson (1997, p. 24) destacaram, em seus estudos, que a ortografia era o item que demandava maior atenção de jovens escritores, que raramente atentavam para mudanças relativas aos conteúdos textuais. As autoras interpretaram que esse fenômeno evidenciava as marcas da escola impressas nos textos dos alunos. Seria decorrência muito mais das "exigências da escola sobre o que considera um avanço qualitativo da escrita infantil, do que de uma real preocupação das crianças com a correção ortográfica".

No nosso estudo, também observamos grande preocupação com esse aspecto (ortografia) nas revisões textuais dos alunos; no entanto, nossos resultados mostraram que não foi esse o principal objeto de mudança nos textos: o *conteúdo textual* (com retiradas de trechos, acréscimos, substituições) ocupou maior atenção dos alunos. Provavelmente, tal diferença de resultados pode ser atribuída ao tipo de situação vivenciada pelos jovens escritores, que estavam engajados em uma situação em que realmente o que eles tinham a dizer era valorizado. Eles "precisavam" convencer outras pessoas acerca do que estavam pensando, pois a posição que estavam assumindo tinha sido "derrotada" no referendo sobre o desarmamento.

No entanto, destacamos que, também no nosso caso, além das revisões de conteúdo, outros aspectos foram revisados, entre os quais a ortografia. Salientamos, porém, que a atenção à ortografia também pode estar vinculada a uma busca de maior "aceitação" dos textos pelo público leitor, pois a ortografia é um aspecto valorizado na sociedade. A escrita com violações da norma linguística valorizada socialmente, sobretudo violações ortográficas, tende a receber menor "valor" pelos que leem e a ser rejeitada em diferentes esferas sociais. Tal fenômeno, sem dúvida, não passa despercebido pelos aprendizes, que verificam que não apenas na escola, mas também fora dela, o texto com violações ortográficas é objeto de desvalorização. Além disso, eles submeteriam os textos a um jornal, que é um suporte textual em que os textos tendem a atender às regras da norma de prestígio.

Acreditamos também que as intervenções da professora, levando os alunos a sempre se colocarem no lugar do leitor, facilitaram as constantes modificações.

Para ilustrar os tipos de revisão realizados pelos alunos, apresentaremos a seguir duas versões do texto de um aluno.

Texto inicial – versão 1

Artigo de Opinião

O disarmamentos

Autor: Alisson Santos Pires da Silva

Mia profisãos sol. Alun (o): Alissom

O desarmamento podeser a opiniane das pessoa porque todas pessoas tem a sua o pimião as pessoas tem o favol de ter arma nassuacasa a arma calsa morte e as pessoa tam bei as pessoas mata outra pessoas por que arma eu vol compartelha para acaba as arma no mudo Eu vol a caba a judando coml o desarmamento a arma destrui uma vida de uma pessoa É melho conbate para acaba com as armas vamos acaba com as armas! Fim

Texto final – versão 5

Artigo de Opinião

O desarmamento

Autor: Alisson Santos Pires da Silva

Mio profisão sol alumo: Alisson

O desarmamento podeser ao pinião das pessoas por que todas pessoas tem a sua o pinião as pessoas tem o favol de ter arma massua casa a arma calsa morte e as pessoas tem bei as pessoas mata outras pessoas por que a arma mata Eu vou compartilhar para acabar as armas no mundo Eu vou ajudando com o desarmamento A arma destruil uma vida de uma pessoas E melhor conbate para acabar as arma Vamos acabar com as armas Eu quero que a cabe as armas E neoutros pais vanos acabar com as armas no mundo Por que as armas marta pessoas que é inossente porisso Eu quero acabar com as armas

Como podemos observar, houve muitas mudanças no texto dessa criança. No que se refere ao conteúdo, o aluno mostrou grande preocupação em aumentar a quantidade de frases de solicitação à eliminação das armas de fogo e munição. Esse fato pode remeter à crença do aluno de que a quantidade de afirmativas leva ao convencimento do outro, já que ele teria de, nesse artigo de opinião, convencer seu leitor de que a sua posição frente à questão era a correta. Ao que parece, para o aluno, o fato de já terem ocorrido mortes causadas por armas de fogo se torna um argumento mais do que suficiente. Ele, então, preocupa-se apenas com acréscimo de apelos aos leitores para a participação no combate às armas. Concomitante a isso, realiza revisões ortográficas. Identificamos, por exemplo, que as palavras opinião, vou, compartilhar, mundo, acabar e melhor sofreram modificações, da versão inicial para a final (a opiniane/ao pinião; vol/vou; compartelha/compartilhar; mudo/mundo; a caba/acabar; melho/melhor).

Embora o aluno não demonstre muitas preocupações com o uso dos sinais de pontuação, o início de algumas frases é grafado com letra maiúscula. Essa incidência aumenta no texto final, no entanto, em decorrência desse esforço de inserir letras maiúsculas, o estudante incorre em alguns erros não cometidos anteriormente. Podemos observar, também, que, no texto inicial, a criança utiliza um sinal de exclamação que é, depois, retirado. Essas inserções, retiradas e substituições evidenciam que essa dimensão textual começa a ser objeto de atenção e insegurança: a criança já percebe a necessidade de usar tal tipo de recurso, mas não sabe ainda quais são as convenções relativas a ele.

Em relação à paragrafação, o aluno inicialmente organizou o texto em um único bloco, mas, depois, passou a dividi-lo em partes curtas, que parecem marcar o início e o fim das frases. Torna-se válido, ainda, chamar a atenção para mais um ponto: na última versão, o aluno leva a uma centralidade espacial as frases "Vamos acabar com as armas. Eu quero que acabe com as armas". Podemos deduzir que talvez essa modificação tenha sido proposital, com a intenção de que os leitores observassem melhor o apelo principal usado pelo autor. Tal fato se torna mais evidente ao analisarmos as diversas versões do aluno, quando este sempre acrescenta complementos ao mesmo trecho.

O aluno também inseriu os conectivos "por que" e "para" desde a versão inicial. No entanto, na versão final, usou também o conectivo "por isso", a fim de justificar seus argumentos e apelos. Tais inserções evidenciam preocupações com a marcação da articulação entre as ideias e demonstram que o escritor está operando com a dimensão coesiva do texto.

Em resumo, esse aluno e os demais da sua turma contemplaram diversas dimensões textuais nas revisões de seus textos. Evidenciamos, assim, que eles são capazes de tornar o texto um objeto de análise, enfocando diferentes recursos linguísticos para constituição da textualidade e atendimento às regras gramaticais em vigor. Uma rápida análise da versão final, no entanto, evidencia que seria necessário maior investimento de tempo e de atividades para aprimorar mais ainda o texto produzido, papel que caberia à docente, a fim de ajudar o aluno a se apropriar de outros conhecimentos textuais ainda não dominados por ele.

Outro estudo que objetivou investigar as modificações realizadas em textos escritos foi realizado por Lessa de Andrade (2010). A autora analisou diferentes versões de textos de vinte crianças de 9 a 10 anos de duas turmas distintas de escolas públicas da cidade do Recife/PE, que vivenciaram atividades de uma sequência didática para aprendizagem do gênero carta de reclamação (produziram uma carta de reclamação e depois realizaram três revisões em seus textos – duas individualmente e uma em pares). As duas professoras estavam desenvolvendo uma sequência didática em que as crianças realizaram atividades de discussão sobre o gênero, leitura e produção de cartas de reclamação. Durante as situações de revisão, foi solicitado às professoras que não orientassem as crianças sobre quais alterações realizar no texto. Elas apenas estimulavam as crianças a reler o texto e mudar o que elas considerassem importante para que as cartas fossem enviadas para os jornais.

A pesquisa revelou que as crianças das duas turmas realizaram modificações quanto a diferentes dimensões. Entre esses aspectos, o conteúdo foi o que mais sofreu modificações, visto que 54,87% do total de mudanças identificadas estavam relacionadas a essa dimensão. O segundo aspecto que mais recebeu atenção nas revisões foi a ortografia, com uma porcentagem de 24,44% do total das modificações. Além do conteúdo e da ortografia, a autora notou que a pontuação (8,03%); a coesão (5,81%); a concordância (4,79%); e a paragrafação (2,05%) foram aspectos que receberam a atenção das crianças, quando revisaram suas cartas.

O estudo também revelou que, nas duas primeiras revisões, as crianças se preocuparam muito mais com a revisão do conteúdo do que com as demais dimensões categorizadas. Já na terceira revisão, houve um maior equilíbrio entre o percentual de modificações de outras dimensões, como paragrafação, pontuação, ortografia e concordância. Tal dado evidencia que, quando estavam mais satisfeitas com as modificações quanto ao conteúdo, as crianças centravam o olhar com maior profundidade em outros aspectos.

Com o intuito de ilustrar os dados apresentados, vejamos as modificações realizadas por duas crianças. Comecemos analisando as versões do texto da primeira criança.

Versão 1

Versão 2

Versão 3

aluna_____

escola municipal cristiano cordeiro

12 / 11 /2008

Prefeito nos estamos pedindo a sua ajuda para melhora os parquinhos porque estão quebrados. e é a sua obrigação de comcertar os brinquedos e tem lugares que estão sem brinquedos e as crianças querendo brincar mais não tem brinquedos porque estão todos quebrados nos pedimos que botem mais brinquedos para as nossas Pracinhas não fiquem quebradas

obrigada pela a sua atenção

Versão 4

aluna:_____

escola municipal cristiano cordeiro

17 / 11 /2008

Prefeito nos estamos reclamando Pata você melhorar os Parquinhos porque estão quebrados e a sua obrigação de comcertar os brinquedos e tem lugares que não tem brinquedos e as crianças querendo brincar mais não tem brinquedos Porque estão quebrados nos pedimos que botem mais brinquedos para as nossas Bracinhas não ficar quebradas.

Obrigado Pela a sua presença

Versão 1	Versão 2	Versão 3	Versão 4
Prefeito nos precisamos da sua ajuda para as pracinhas porque tem alguns brinquedos quebrados, e pra comcertar os brinquedos que estão todos quebrados	Nos estamos presisando da sua ajuda para reformar os brinquedos que estão quebrados e por favor comcerte os brinquedos porque tem gemte que quebram e tanbem tem crianças que não podem brincar com os brinquedos todos quebrados.	Prefeito nos estamos pedindo a sua ajuda para melhora os parquinhos porque estão quebrados e é a sua obrigação de comcertar os brinquedos e as crianças querendo brincar mais não tem balanços porque estão todos quebrados nos tepedimos que botem mais brinquedos para as nossas pracinhas não fiquem quebradas Obricada pela a sua atenção	Prefeito nos estamos reclamando para você melhorar os parquinhos porque estão quebrados e é a sua obrigação de comcertar os brinquedos e tem lugares que não tem brinquedos e as crianças querendo brincar mais não tem balanço porque estão quebrados nos tipedimos que botem mais brinquedos para as nossas pracinhas não ficar quebradas. Obrigado pela a sua presensa

Na produção inicial (versão 1), a criança indica que os brinquedos das pracinhas estão quebrados e pede ao prefeito que os conserte. Percebemos um texto simples e que conta apenas com a indicação do problema e de uma sugestão de solução. Nas versões posteriores, tais componentes textuais são mantidos, mas há mudanças na redação do texto e acréscimo de novas informações. Na versão 1, a autora pede ajuda "para as pracinhas", informando que alguns brinquedos estão quebrados. Na versão 2, ela já indica claramente que precisa de ajuda para "concertar" os brinquedos "que" estão quebrados. O período fica mais bem estruturado, com uso de conectivo de forma mais adequada. No entanto, perde de vista a informação de que está se referindo aos brinquedos "das pracinhas". Nas versões posteriores (3 e 4), recupera tal informação, acrescentando que quer ajuda para melhorar "os parquinhos", porque os brinquedos estão quebrados.

Assim, mudanças no conteúdo e na forma são realizadas pela criança, dando maior consistência argumentativa ao texto que está elaborando. Tais alterações, no entanto, nem sempre são de acréscimo. Na versão 2, por exemplo, a aluna insere um trecho para indicar que algumas pessoas quebram os brinquedos. Tal segmento é retirado nas versões 3 e 4, provavelmente porque ele poderia enfraquecer a argumentação (se as pessoas quebram, não adianta consertar). Porém, outro acréscimo é feito: "tepedimos que botem mais brinquedos". Há, também, nas duas versões finais, o uso de expressões como "é a sua obrigação" (versões 3 e 4) e "nos estamos reclamando" (versão 4), indicando a consciência da autora de uma maior responsabilização do prefeito, sugerindo que o que ela está reivindicando não é apenas uma "ajuda", mas está "cobrando providências para um problema cujo destinatário é responsável pela solução".

Na versão 4, a aluna reorganiza o seu texto. Ao indicar logo no início que sua finalidade é reclamar para que o prefeito melhore os parquinhos porque eles estão quebrados, contra-argumenta ao explicitar que é obrigação dele consertar os brinquedos e ainda informa que algumas pracinhas sequer têm brinquedos, e, quando têm, estão quebrados, reforçando assim sua defesa de que o problema tem de ser resolvido para que as crianças tenham seu direito ao lazer garantido.

Para finalizar, continua apresentando os componentes inseridos na versão 3 (*nos tepedimos que botem mais brinquedos*; *para as nossas pracinhas não fiquem quebradas)*. Portanto, percebemos que a aluna, no decorrer das revisões, se empenhou em revisar sua carta, principalmente com relação ao conteúdo, mas, sobretudo na versão 4, também notamos uma preocupação quanto aos aspectos da ortografia e da concordância (balanços/balanço; tepedimos/tipedimos, obricada/ obrigado; fiquem/ficar).

Ao realizar tais modificações, vemos que a aluna estava preocupada em adequar seu texto à finalidade pretendida, visto que, no decorrer das revisões, as mudanças no conteúdo deram à sua carta a forma de uma reclamação, destinada à pessoa que tem o dever de resolver o problema abordado por ela.

A segunda criança também realizou, como a primeira, diferentes mudanças no decorrer dos momentos destinados à (re)escrita de seu texto, conforme pode ser visualizado a seguir.

Versão 1

Versão 2

Versão 3

Versão 4

> Prefeitura do Recife
>
> meu nome é ... eu estou solicitando uma reclamação das praceinhas do ibura que estão todas auebxadas mal comservadas as gangoras estão soltas e tem algumas pracinhas aue têm buadas com eerca ao redor aue estão auebxadas e têm pracinhas aue faltão brinouedos Então consrte para nos têmos direitos ao nosso fazer e afeitar as auadras do UR02

Versão 1	Versão 2	Versão 3	Versão 4
Prefeitura do Recife	Prefeitura do Recife	Prefeitura do Recife	Prefeitura do Recife
Oi meu nome é XX eu estou solicitando uma denuncia das prasas do iBura que estao todas quebradas mal comservadas as gangorras estão soltas e tem alguma prasas que tem quadras com serca ao redor que estão quebradas e tem algua prasas que esta faltando brinquedo então fasa o favor de conserta fique sabendo que nos estamos contando com vocêsis e construir mas quadras no 27 de novembro	Oi meu nome é XX eu estou solicitando uma denucia das pracinhas do ibura que estão todas quebradas mal comservadas as gangorras estão soltas e tem algumas pracinhas que tem quadra com serca ao redor que estão quebradas e tem pracinhas que faltão brinquedos então faça o favor de conserva estas pracinhas e tambem conserta e se vocêis concerta fique sabendo que nos estamos comtando com vocêis -e comstruir mas quadras no 27 de novembro	Oi meu nome é XX eu estou solisitando uma reclamação das prasinhas do ibura que estão todas quebradas mal comservadas as gangorras estão soltas e tem agumas prcinhas que tem quadra com serca ao redor que estão quebradas é tem pracinhas que faltao brinquedos então fasa o favor de conservar e tambem comserta e se vocêis concerta então podemos contar com vocêis para comstruir mas quadras no 27 de novembro.	Oi meu nome é XX eu estou solicitando uma reclamação das pracinhas do ibura que estão todas quebradas mal comservadas as gangoras estao soltas e tem algumas pracinhas que tem quadras com cercas ao redor que estão quebradas é tem pracinhas que faltao brinquedos então conserte para nos termos direito ao nosso lazer e ajeitar as quadras do UR 02

82

A criança realizou muitas modificações em seu texto. Inicialmente, nas versões 1 e 2, explicitou em sua carta: "eu estou solicitando uma denuncia das pracinhas do iBura". Mas, na versão 3, substituiu a palavra "denuncia" por "reclamação". Tal mudança talvez tenha ocorrido pela avaliação da criança de que a palavra "reclamação" poderia causar maior impacto no leitor e maior possibilidade de resposta à sua solicitação. Nas quatro versões, há inadequação vocabular, pois, na verdade, ela não está "solicitando" denúncia nem reclamação; ela está denunciando, reclamando ou solicitando ações. No entanto, é importante reconhecer o esforço da criança para usar as palavras de que está se apropriando por meio da leitura dos textos do gênero em tela, em que as três palavras são comuns.

Outra questão a ser discutida ao analisarmos as revisões das crianças é que há trechos que sofrem mais mudanças que outros. É possível que isso ocorra exatamente nas partes em que as ideias são mais complexas e difíceis de serem expostas com clareza ou em partes nas quais o conteúdo explicitado inicialmente não expressa exatamente as intenções do autor. Por exemplo, na versão 1, a criança diz "então fasa o favor de conserta esas prasas"; na versão 2, acrescenta a seguinte informação: "então faça o favor de conserva estas pracinhas e tambem conserta". A alteração foi de acréscimo de conteúdo: além de consertar as praças, é preciso conservar. Na versão 3, a criança retira o trecho "estas pracinhas", o que parece ter sido motivado por uma busca de evitar a repetição de palavras. O trecho ficou: "então fasa o favor de conservar e tambem comserta".

Em um primeiro momento, poderíamos considerar que tais alterações seriam suficientes para a clareza e suficiência informativa do texto. No entanto, o trecho continuou sendo foco de atenção da criança. Nessas três versões, ela estava mantendo a expressão "faça o favor", o que pode ter sido uma das causas da insatisfação dela. Na versão 4, o trecho inteiro foi substituído por "então conserte". Pelas evidências, cremos que tantas modificações nesse trecho realmente tenham ocorrido devido à ideia de que se iniciasse com "então faça o favor" poderia dar a entender que o conserto das pracinhas seria um favor que a prefeitura faria à comunidade. Nossa hipótese se confirma, ao identificarmos o acréscimo do trecho "para nos temos direito ao noso lazer". Tal trecho complementa toda a argumentação que vem sendo traçada na carta. Isto é, ao inserir tal trecho, a criança deixa claro que a prefeitura tem o dever de garantir o direito ao lazer das crianças que utilizam as pracinhas para brincar. Nessa direção, acrescenta uma sugestão de solução para o problema: "e ajeitar as quadras do UR 02".

Os trechos "e se vocêis concerta então podemos contar com vocêis" e "para comstruir mas quadras no 27 de novenbro" foram excluídos, talvez porque estivessem mais relacionados à ideia inicial que trazia o texto (a prefeitura fazer o favor de consertar as pracinhas) e porque a criança já tinha indicado como mais uma resolução do problema o conserto da quadra da UR-02.

Simultaneamente às revisões citadas acima, a criança realiza, nas versões 2, 3 e 4, revisões ortográficas. Identificamos várias mudanças quanto a esse aspecto, tal como, ao escrever a palavra *solicitando*, ela substitui a letra "c" pelo "s", depois volta a escrever a palavra convencionalmente, utilizando a letra "c". Na palavra *denúncia,* o "n" usado para nasalizar a letra "u" da sílaba "nún" é retirado da palavra na versão 2. Modificações quanto a esse aspecto também ocorreram na escrita da palavra *gangorra* (ora usou um "r" ora utilizou "rr"). Percebemos mudanças também na grafia das palavras *pracinha, cerca, conserta, contando, novembro*, entre outras, no decorrer das versões que nos foram apresentadas. As mudanças quanto à acentuação, que foram computadas, aconteceram na palavra *estão* (percebemos acréscimos e retiradas do til nesta palavra, nas diferentes versões) e na palavra *é* (acréscimo do acento agudo na versão 3, de forma não convencional).

Quanto à coesão textual, houve também modificações. Por exemplo, ao acrescentar os elementos *estas* (versão 3), *então* (versão 3) e substituir *e* por *para* (versão 3), a criança alterou recursos que marcam a progressão textual e a articulação entre partes do texto. Igualmente, houve modificações no que se refere à concordância: substituiu *faltando* por *faltão* (versão 2), *brinquedo* por *brinquedos* (versão 2), *alguma* por *algumas* (versão 2), *conserva* por *conservar* (versão 3). Com relação à pontuação, observamos apenas uma modificação, que ocorreu na versão 3: a criança acrescentou o ponto final para marcar o final da frase, mas, na versão 4, essa marcação foi retirada.

É importante ressaltar que, para fazer as revisões, os estudantes realizaram análise dos textos, focando não apenas em "o que iriam dizer", mas também, e de forma integrada, em "como iriam dizer", de modo que o eixo da análise linguística foi intensamente contemplado. Desse modo, estamos defendendo que a revisão textual é um momento extremamente rico para o trabalho com diferentes aspectos do texto, mas, para que, de fato, favoreça o desenvolvimento de habilidades de análise linguística e a apropriação de conhecimentos desse eixo de ensino, é necessário promovermos situações de interação que garantam o engajamento dos estudantes como interlocutores atentos, que buscam efeitos de sentido a partir de seus textos. No tópico adiante retomaremos tal questão, mostrando que os tipos de revisão que os estudantes fazem dependem intensamente das representações que eles constroem sobre as situações de escrita e, consequentemente, dos processos de mediação dos professores.

Condições de produção de textos e revisão: inter-relações

Como vimos discutindo, nas pesquisas descritas, encontramos evidências de que os estudantes realizaram muitas modificações nos textos porque se sentiram empenhados na escrita, uma vez que encontraram finalidades específicas para escrever e se motivaram ao perceberem destinatários diversificados para a produção.

Partindo do princípio de que "o processo de apropriação das habilidades textuais constitui um movimento gradual e não linear e que, portanto, não se pode esperar que a criança consiga, numa revisão, retomar, simultaneamente, todas as variáveis que o adulto consideraria" (ROCHA, 2008, p. 76), levantamos a hipótese de que os alunos elegem o que vão revisar de acordo com as necessidades colocadas pelo contexto de produção, embora isso possa não estar inteiramente consciente para eles. Ou seja, a depender da finalidade, dos interlocutores e dos gêneros textuais a atender, podemos optar por dar mais ênfase a um elemento textual e deixar outros de lado.

Como já foi dito, Abaurre, Fiad e Mayrink-Sabinson (1997, p. 24), com base nas análises de textos espontâneos em pesquisa que tinha por objetivo flagrar o momento em que o indivíduo demonstra preocupações quanto à língua, identificaram que "as modificações mais comumente encontradas nos textos de aprendizes de escrita dizem respeito à correção ortográfica". No entanto, nas pesquisas realizadas por essas autoras, também foi possível perceber que, nos textos espontâneos produzidos pelas crianças, as marcas de revisão aparecem relacionadas a questões como modificações de palavras-chave dos textos, adequações quanto ao gênero escrito e ao contexto de circulação em que estaria inserido, entre outros. Nesse sentido, Abaurre (1997, p. 80) defende que tais modificações "indiciam, assim, a construção que faz o autor – ao colocar-se no lugar de leitor de sua escrita e ao reelaborá-la – dos seus virtuais leitores/interlocutores".

Destacamos, no entanto, que, mesmo elegendo diferentes leitores para os textos a serem escritos na escola, os professores são, de fato, leitores privilegiados do que os alunos produzem. O papel mediador da professora, no caso das pesquisas descritas, foi fundamental para que as crianças investissem nas análises de seus próprios escritos. A todo tempo, a preocupação central das docentes foi indicar para os discentes o gênero, os interlocutores e as finalidades da produção escrita e, consequentemente, da revisão textual, estimulando as crianças a avaliar e melhorar seus textos. Por sua vez, o trabalho em dupla promoveu um encontro direto com um outro interlocutor real e imediato – o colega de sala –, que não só interagiu com o texto, como também pôde contribuir para a construção de sua consistência e coerência.

Sendo assim, as alterações realizadas pelas crianças, nos momentos de revisão textual, têm relação direta com os efeitos da interação com os outros (alunos e/ou professor), como pode ser visualizado na tabela, a seguir, relativa aos dados obtidos por Lessa de Andrade (2010).

Tabela 1 – Frequência de modificações
por turma quanto às dimensões textuais

Dimensões textuais	Turmas				Total
	Turma 1		Turma 2		
	Freq.	%	Freq.	%	
Conteúdo	205	55,26	116	54,20	321
Coesão	26	7,01	8	3,74	34
Paragrafação	3	0,80	9	4,20	12
Pontuação	21	5,66	26	12,15	47
Ortografia	94	25,34	49	22,90	143
Concordância	22	5,93	6	2,80	28
TOTAL	371	100	214	99,99	585

Fonte: LESSA DE ANDRADE, 2010, p. 176-177.

Ao compararmos os dados encontrados com relação à turma a que pertenciam as crianças, percebemos que foram os alunos da turma 1 os que mais modificaram suas cartas durante as revisões (371 mudanças). Já os alunos da turma 2 foram responsáveis por 214 mudanças realizadas. Vemos, então, que realmente os alunos da turma 1 se engajaram bem mais em revisar seus escritos que os alunos da turma 2. Acreditamos que pode ter havido o impacto de uma mediação mais intensa durante as aulas da Professora 1, pois os alunos eram muito engajados, a professora explorou bastante as características do gênero e chamou bastante a atenção deles para a natureza das interações estabelecidas nas situações em que se escreve carta de reclamação.

Analisando a frequência das modificações identificadas, vemos que a dimensão *conteúdo* foi a mais revisada pelos alunos das duas turmas (turma 1: 205 alterações; e turma 2: 116 alterações), inclusive com uma frequência bem superior à segunda dimensão mais revisada, que foi a ortografia (turma 1: 94 mudanças; e turma 2: 49 mudanças).

Diante do exposto, ressaltamos a importância de as atividades de produção de textos escritos serem propostas em um ambiente em que os alunos sejam atuantes e tenham oportunidades de interagir, tanto com o professor quanto com os colegas, pois "é enquanto se vive em um meio sobre o qual se pode agir, no qual se pode – com os demais – discutir, decidir, realizar, avaliar... que se criam as situações mais favoráveis para a aprendizagem" (JOLIBERT, 1994 *apud* MELO; SILVA, 2006, p. 87).

Em conclusão: a revisão como estratégia de ensino no eixo da análise linguística nos anos iniciais do ensino fundamental

Neste capítulo, ressaltamos o papel da revisão textual no desenvolvimento de habilidades de análise linguística dos textos escritos e, consequentemente, como momento rico de reflexão sobre os sentidos do texto. Buscamos, assim, evidenciar a importância da garantia de situações didáticas de revisão de textos no cotidiano da sala de aula.

Nos exemplos dados, as crianças, individualmente ou em dupla, analisaram os textos e, com base em tais análises, realizaram ajustes necessários aos efeitos de sentido pretendidos. No entanto, ressaltamos que outros tipos de intervenções também podem ser muito favoráveis à aprendizagem, tais como os trabalhos de revisão coletiva de textos, em que os professores assumem a mediação direta entre as crianças e o texto elaborado.

Nesses momentos, é possível discutir mais sobre os porquês das alterações e chamar a atenção das crianças para aspectos que muitas vezes os estudantes não conseguem perceber sem ajuda. É possível também realizar diferentes revisões de um mesmo texto, coletivamente, centrando o debate em dimensões diferentes: conteúdos disponibilizados (consistência, pertinência, suficiência); organização sequencial do texto e recursos de coesão, paragrafação e pontuação, concordância, ortografia, entre outros.

É importante também ressaltar que, com base na avaliação dos textos das crianças e de suas revisões, é possível selecionar conteúdos a serem enfocados em outras atividades nesse eixo de ensino. Desse modo, não devemos restringir o ensino de análise linguística apenas às situações de revisão textual. É possível planejar outros tipos de atividades que ajudem os estudantes a entender as regras e as estratégias usadas por escritores mais experientes, abordando um determinado recurso linguístico e realizando sistematizações.

Por exemplo, pode-se ajudar as crianças a conhecer e analisar diferentes recursos coesivos, em atividades em que elas precisem completar lacunas em um texto (que sofreu retiradas das conjunções) e depois discutir por que usaram um ou outro conectivo. Podem-se propor situações em que elas, coletivamente ou em pequenos grupos, tenham de encontrar inadequações de concordância em um texto e depois tentem explicar por que tais usos seriam inadequados. Em suma, muitas atividades poderiam ser aqui listadas na busca de mostrarmos a necessidade de conduzir um ensino diversificado e cheio de descobertas pelos estudantes.

Concluindo, queremos ressaltar que a revisão textual é "uma das" formas de desenvolver habilidades e conhecimentos sobre a língua, e que tal atividade precisa ser feita de modo que os estudantes problematizem saberes e entendam a relevância de tais saberes.

Referências

ABAURRE, M. B. M. Uma história individual. In: ABAURRE, M. B. M; FIAD, R. S.; MAYRINK-SABINSON, M. L. T. *Cenas de aquisição da escrita*: o sujeito e o trabalho com o texto. Campinas: Mercado de Letras, 1997.

ABAURRE, M. B. M; FIAD, R. S.; MAYRINK-SABINSON, M. L. T. Em busca das pistas. In: ABAURRE, M. B. M; FIAD, R. S. E MAYRINK-SABINSON, M. L. T. *Cenas de aquisição da escrita*. o sujeito e o trabalho com o texto. Campinas: Mercado de Letras, 1997.

DOLZ, J.; SCHNEUWLY, B. Gêneros e progressão em expressão oral e escrita: elementos para reflexões sobre uma experiência Suíça (Francófona). In: SCHNEUWLY, B; DOLZ, J. *Gêneros orais e escritos na escola*. Campinas: Mercado de Letras, 2004.

LEAL, T. F.; LUZ, P. S. da. Produção de textos narrativos em pares: reflexões sobre o processo da Interação. *Revista Educação e Pesquisa*, São Paulo, v. 27, n. 1, p. 27-45, 2001.

LESSA de ANDRADE, R. M. B. *Revisão de cartas de reclamação*: reflexões sobre as modificações realizadas por crianças. 2010. Dissertação (Mestrado em Educação), Universidade Federal de Pernambuco, Recife, 2010.

MARINHO, M. A língua portuguesa nos currículos de final de século. In: BARRETO, Elba S. S. (Org.). *Os currículos do ensino fundamental para as escolas brasileiras.* Campinas: Autores Associados, 1998.

MELO, K. L. R.; SILVA, A. Planejando o ensino de produção de textos escritos na escola. In: LEAL, T. F.; BRANDÃO, A. C. P. (Org.). *Produção de textos na escola*: reflexões e práticas no ensino fundamental. Belo Horizonte: Autêntica, 2006.

ROCHA, G. O Papel da revisão na apropriação de habilidades textuais pela criança. In: VAL, M. da G. C.; ROCHA, G. *Reflexões sobre práticas escolares de produção de texto*: o sujeito-autor. Belo Horizonte: Autêntica, 2008.

SEAL, A. G. S.; LESSA de ANDRADE, R. M. B.; LEAL, T. F. Produção de artigos de opinião: o que nossos alunos revisam em seus textos? In: ENCONTRO DE PESQUISA EDUCACIONAL DO NORTE E NORDESTE, 18., 2007, Maceió. *Anais...* Maceió: EDUFAL, 2007.

Capítulo 5

O ensino da paragrafação na perspectiva dos gêneros textuais

Leila Nascimento da Silva

Telma Ferraz Leal

O ensino de análise linguística: o que priorizar nos anos iniciais do ensino fundamental?

Nas últimas duas décadas, vários estudos promoveram reflexões sobre os processos de ensino e de aprendizagem da "gramática" (POSSENTI, 1996; GERALDI, 1997; ANTUNES, 2003; NEVES, 2003; TRAVAGLIA, 2006; MENDONÇA, 2006). Os estudiosos preconizaram a necessidade de um novo olhar para este eixo de ensino. Segundo Mendonça (2006, p. 199), "vem se firmando um movimento de revisão crítica dessa prática [...], o que faz emergir a proposta de análise linguística em vez de aulas de gramática".

Nesse contexto de mudanças, emerge um clima de incertezas na escola. É comum escutarmos questões do tipo: "Não se deve mais ensinar gramática?" "Qual a diferença entre realizar análise linguística e ensinar gramática?" "É apenas uma mudança de nomenclatura?" "Como articular a análise linguística aos eixos de leitura e produção textual?"

Nesse novo panorama, segundo Mendonça (2006, p. 204),

a análise linguística surge como alternativa complementar às práticas de leitura e produção de texto, dado que possibilitaria a reflexão consciente sobre fenômenos gramaticais e textual-discursivos que perpassam os usos linguísticos, seja no momento de ler/escutar, de produzir textos ou de refletir sobre esses mesmos usos da língua.

Fundamentados nessa perspectiva, não teríamos a dúvida sobre se deveríamos, ou não, ensinar gramática, mas, sim, sobre a forma como esse ensino deveria acontecer e com que objetivos. Estudos diversos (RIBEIRO, 1992; NUNES, 2001; MADEIRA, 2005; FERREIRA, 2008; MARTINS; PEREIRA, 2008; entre outros) nos alertam para a insuficiência de uma abordagem meramente descritiva ou prescritiva baseada na memorização. É preciso realizar um movimento de compreensão do texto aliado ao trabalho de análise linguística e dos elementos que contribuem para os efeitos de sentido pretendidos.

Dessa forma, no ensino fundamental, a análise linguística também precisa estar presente nas aulas de português, mas o enfoque será justamente nos elementos da língua que ajudarão os alunos a serem leitores e produtores de textos mais autônomos, experientes.

Defendemos, neste capítulo, que, nos dois primeiros anos do ensino fundamental, um foco central do trabalho de análise linguística é o ensino da base alfabética de escrita, ou seja, a apropriação do sistema alfabético, que garantirá a leitura e a escrita de textos com autonomia. Aliados a tal objeto de ensino, outros são priorizados nesses anos e nos demais anos iniciais de escolarização, tal como temos visto em propostas curriculares oficiais: estruturação dos períodos/das orações dos textos, concordância, pontuação, coesão textual, ortografia, além dos temas relativos às reflexões sobre as características composicionais e estilísticas dos diferentes gêneros discursivos articuladas às dimensões sociodiscursivas.

Desse modo, reconhecemos que o escritor/falante lança mão de recursos linguísticos para indicar possíveis sentidos textuais, que precisam ser construídos pelo leitor/ouvinte, com base em suas experiências anteriores e conhecimentos prévios. Na escola, portanto, a ampliação dos conhecimentos e das habilidades para lidar com os diferentes recursos linguísticos necessários à leitura e produção de textos de modo mais autônomo e crítico é um objetivo a ser priorizado.

Schneuwly (1988), ao formular sua teoria sobre os processos de produção textual, defende que, para escrever um texto, o autor constrói uma base de orientação (representações sobre a situação de interação: finalidade textual, destinatários, modos de circulação do texto, entre outros aspectos) e, com base nesse conjunto de representações, que não estão cristalizadas, pois podem mudar no próprio processo de escrita, desenvolve atividades de planejamento, linearização do texto (construção de sequências linguísticas) e revisões contínuas, monitorado permanentemente pelas operações de gestão textual.[1]

O autor salienta ainda que no trabalho de linearização ocorre a textualização (produção do encadeamento linguístico), em que são encontradas diferentes formas de operações para estabelecer as articulações hierárquicas do texto. Interessa-nos, aqui, falar brevemente das operações de coesão e de conexão/segmentação.

A coesão textual é um dos temas hoje em foco no trabalho com a gramática na escola. Tal ênfase ocorre justamente devido ao papel fundamental dessa dimensão textual para a construção da coerência textual. Para Koch (1997, p. 35), coesão textual "é o modo como os elementos linguísticos presentes na superfície textual se encontram interligados por meio de recursos também linguísticos, formando sequências veiculadoras de sentidos".

Segundo Schneuwly (1988), as operações de coesão são necessárias para organizar os elementos linguísticos, fazendo ligações globais do texto e do contexto, mantendo a progressão textual. As operações de coesão implicariam, portanto, o uso de pistas linguísticas para introduzir referentes novos, retomar referentes já presentes nos trechos anteriores do texto, diferenciar referentes, etc.

Por outro lado, as operações de conexão/segmentação, de acordo com Schneuwly (1988), seriam relativas às estratégias de segmentar

---

[1] Segundo Schneuwly (1988), gestão textual é um dos tipos de operações mentais das atividades de produção de textos. *É o fórum onde são tomadas decisões sobre a condução da atividade de linguagem em função do saber e de experiências de linguagem anteriores.*

o discurso em partes, o que também pode ser reconhecido como uma operação de articulação, pois, ao segmentarmos as partes do texto em orações, períodos, parágrafos, entre outros, salientamos unidades a serem articuladas.

Ao abordar as operações de conexão/segmentação, o autor faz referência a diferentes tipos de marcadores. Inicialmente, refere-se aos marcadores que separam grandes blocos de enunciados, tais como os subtítulos, os boxes, a mudança de página. Depois, cita também os marcadores que separam as unidades menores do texto (pontuação, marcadores gráficos diversos, operadores argumentativos), assim como os processos de subordinação e coordenação entre proposições. Nesse conjunto de operações de segmentação e conexão, podemos situar as operações de paragrafação.

Considerando que a paragrafação é uma estratégia para constituição de sentidos no texto, que colabora para a indicação de pistas sobre as partes a serem articuladas e demanda decisões que exigem do escritor conhecimentos e intuições decorrentes de suas experiências prévias com os diferentes gêneros discursivos, defendemos a realização do seu ensino desde o início da escolarização, sobretudo a partir do terceiro ano do ensino fundamental.

No momento em que os alunos lidam com os textos, há a necessidade de entenderem como estes podem ser organizados e quais critérios podem ser utilizados nessa organização. Isso os ajudará não só em situações nas quais forem escrever, mas também nas atividades de compreensão textual, em que o estabelecimento das relações entre as partes de um texto é fundamental. Considerando, portanto, que a paragrafação é um tema relevante no eixo da análise linguística, neste capítulo nos dedicamos a refletir sobre seu conceito e sobre os modos como as crianças paragrafam seus textos. Apresentaremos, para isso, resultados de uma pesquisa sobre o ensino da construção de parágrafos, no texto.

Os conceitos de parágrafo

Para melhor compreendermos os conceitos de parágrafo veiculados nos dias atuais e sua importância, é interessante relembrarmos um pouco a história da sua criação. Dahlet (2006), ao estudar a cultura escrita, identificou que um dos primeiros estudiosos a tratar da paragrafação foi um filósofo chamado Hugues de Saint-Victor, que viveu no século XII. Segundo esse filósofo, o surgimento do parágrafo está relacionado historicamente com as condições concretas de leitura. Antigamente, havia uma prática bastante corriqueira de ensinar conteúdos diversos por meio de uma leitura protocolada, ou seja, com várias paradas seguidas de uma explicação sobre o assunto. As paradas aconteciam sempre após cada frase do texto. Essa prática ficou conhecida como *lectio.*

Com o passar do tempo, sentiu-se a necessidade de diminuir a quantidade de paradas. Para tanto, houve uma mudança na forma de ler, passando-se a dividir o texto não mais em frases, mas em blocos maiores de sentido. A essa prática denominou-se *divisio.* Essas mudanças repercutiram também na escrita, até como forma de ajudar na localização de partes do texto que continham temas relevantes a serem discutidos.

Sobre o aparecimento do parágrafo, Dahlet (2006, p. 290) comenta:

> Essas condições concretas explicam a razão pela qual o parágrafo é o primeiro sinal de pontuação que apareceu nos textos, pois a ordem tabular, isto é, a introdução de marcas divisórias da escrita que permitiam ao escriba ou ao leitor referir-se diretamente a blocos textuais sem obrigação de retomar o texto desde seu início, respondia a uma necessidade prioritária em relação à segmentação de unidades textuais menores, seja a unidade frasal ou interna à frase.

Além dessa questão de o parágrafo servir como ajuda na localização de informações, Dahlet (2006) ressalta que, nesse período (século XII), havia também um grande interesse daqueles que trabalhavam com a divulgação impressa de materiais em dar uma *arquitetura ao texto*, em torná-lo visualmente mais legível para o leitor. Como vemos, o parágrafo surgiu de uma real necessidade, com funções bem definidas.

Hoje, é inquestionável a importância de organizarmos o texto em partes. No entanto, ao procurarmos conceituações sobre o que seja um parágrafo, não encontramos definições consensuais e seguras dos especialistas da área. A maioria dos estudiosos refere-se ao parágrafo como meio de organização do conteúdo textual, mas reconhecem o caráter fluido (incerto) do conceito. A definição apresentada por Almeida (1989, p. 582) pode exemplificar essa incerteza:

> O parágrafo pode conter um ou mais períodos, e encerra um pensamento ou um grupo de pensamentos que, em geral, têm como parágrafo antecedente relação menos íntima do que a que liga os períodos de um mesmo parágrafo. Ele denota, pois, pausa mais forte do que o simples ponto final. *Todavia, para formar um parágrafo, como para formar período, não se pode dar regras seguras; fica isso, até certo ponto, ao arbítrio, gosto ou critério do escritor*, a não ser nos decretos, leis, etc., em que os parágrafos são determinados pelo próprio assunto (grifos nossos).

Concordamos, em parte, com essa explicação de Almeida sobre a inexistência de regras fechadas em relação à construção do parágrafo, mas também não acreditamos que se trata simplesmente de deixar ao livre-arbítrio do escritor. Consideramos que, para organizar o texto em partes, o escritor mobiliza estratégias aprendidas por meio do contato com textos diversos. Assim, tende a usar critérios comumente relacionados aos gêneros discursivos adotados na situação de escrita. Como sabemos, os textos que circulam socialmente têm certas regularidades que contribuem para que o escritor lance mão das experiências anteriores para a elaboração de novos textos. Na maior parte das vezes, as regularidades não implicam regras rígidas, mas são estratégias comuns à escrita de textos que circulam em uma determinada esfera social para atender a determinadas finalidades.

Podemos destacar também que, ao tratar o parágrafo como "um pensamento ou um grupo de pensamentos" intimamente relacionados, Almeida pareceu não considerar os diferentes tipos de parágrafos presentes nos diferentes gêneros discursivos.

Assim como Almeida, outros autores trataram do parágrafo sem salientar a imensa diversidade de estratégias de paragrafação nem articular tal conceito com os conhecimentos hoje bastante divulgados sobre os gêneros discursivos. Assim, observamos uma tendência de tratar o parágrafo de forma geral, remetendo a um tipo de parágrafo denominado como *padrão*. Autores como Dubois; Gracomo; Guespin; Marcellesi e Nevel (1973), Ferreira (1975), Abreu (1991), Rocha Lima e Neto (1994), Faraco e Tezza (1996), Andrade e Henriques (1996) referiam-se, via de regra, a um modelo de parágrafo-padrão.

Para exemplificar essa predominância na abordagem, expomos a seguir o conceito dado por Rocha Lima e Neto (1994, p. 41). Esses autores afirmam que o parágrafo é

> [...] uma unidade de composição – formada por um ou mais de um período – que gira em torno de uma ideia-núcleo. Dessa ideia-núcleo podem irradiar-se outras, secundárias, desde que a ela associadas pelo sentido. Na página manuscrita ou impressa, indica-se materialmente o parágrafo por pequeno recuo de margem.

Figueiredo (1999) é outro estudioso que considera a habilidade de paragrafar uma questão de ordem técnica, com regras-padrão. Autor do livro *A redação pelo parágrafo*, ele argumenta que "organizar e desenvolver ideias é difícil; por isso, requer um *método* que facilite o trabalho do escritor" (grifos nossos, p. 11). Para ele, se observadas "as normas para a construção do parágrafo-padrão, o escritor obterá um texto bem organizado, uniforme e claro, capaz de manter a atenção e boa vontade do leitor" (p. 15).

Apoiando-se nessa visão de parágrafo-padrão, Figueiredo (1999) elencou e descreveu 15 tipos de parágrafos. Entre os tipos descritos estão, por exemplo: o *parágrafo introdutório*, que "delineia exatamente o assunto a ser desenvolvido, geralmente por meio da informação ou da opinião" (p. 47); o *parágrafo exemplificação ou ilustração*, que serviria para "prestar maiores esclarecimentos e prender a atenção dos leitores" (p. 51); o *parágrafo definição*, com função de "explicar o que uma coisa é ou o que um nome significa" (p. 55); e o *parágrafo causa e efeito*, no qual "o escritor enfatiza as conexões entre um ou vários resultados (efeitos) e os seus precedentes (causas)" (p. 59).

Ao abordar o parágrafo de forma padronizada, alguns autores, como os citados nos parágrafos anteriores, acabaram deixando de considerar as particularidades de cada gênero e, sobretudo, suas finalidades. Não podemos considerar, por exemplo, que os parágrafos introdutórios de uma carta de reclamação obedecerão aos mesmos critérios de segmentação que os parágrafos introdutórios de um conto.

No caso de um verbete enciclopédico, por se tratar de um texto expositivo com a finalidade de descrever um dado objeto (país, animal, invento, etc.), é possível agrupar as informações em parágrafos por tipos de características do que está sendo descrito (no caso de um animal, por exemplo, podemos colocar no primeiro parágrafo o seu nome científico, o tamanho e o peso; no segundo parágrafo dizer onde vive e explicar suas estratégias de sobrevivência; no terceiro, falar sobre sua alimentação e, por fim, no quarto parágrafo, como ele se reproduz).

Se pensarmos em uma fábula, como é um gênero da ordem do narrar, provavelmente terá uma organização relacionada mais às diferentes ações sequenciadas no tempo e às características típicas de estruturação de uma narrativa.

Um ensaio, diferentemente dos gêneros anteriores, costuma ter seus parágrafos organizados de modo a considerar a necessidade de apresentação da questão que busca responder, e a sequenciação de argumentos e contra-argumentos a serem apresentados na defesa de determinada posição. Uma notícia, por sua vez, organiza-se, mais frequentemente, pelo critério de relevância, sendo suas informações agrupadas de acordo com esse critério: o que é mais relevante aparece primeiro ao leitor para que ele queira continuar lendo.

Garcia (1997) também discordou da visão do parágrafo como estrutura engessada, pois alertou para o fato de que os conceitos de parágrafos nem sempre se confirmam na prática. Ou seja, não podemos nos limitar a uma única noção, a um único entendimento sobre o que seja o parágrafo. Explica ele que, "como há vários processos de desenvolvimento ou encadeamento de ideias, pode haver diferentes tipos de estruturação de parágrafos, tudo dependendo, é claro, da natureza do assunto e sua complexidade, do gênero de composição, do propósito..." (p. 203). Tal constatação, segundo o referido autor, "nos leva, por conseguinte, a resistir à tentação de tentar sistematizar o que é assistemático, quer dizer, de procurar características comuns e constantes em parágrafos carentes de estrutura típica" (p. 203).

Poderíamos nos perguntar, no entanto, se essa grande diversidade de modos de paragrafar pode ser objeto de ensino e se as crianças teriam condições de desenvolver os conhecimentos/as habilidades de relacionar os tipos de parágrafos às características dos gêneros discursivos. Isto é, as crianças podem aprender a lidar com a paragrafação considerando as diferentes dimensões dos gêneros discursivos? É possível desenvolver estratégias de ensino coerentes com essa concepção de parágrafo?

No próximo tópico, mostraremos evidências das capacidades dos alunos para lidar com as estratégias de paragrafação considerando as finalidades dos textos e as características composicionais dos gêneros, tomando como exemplo um estudo voltado para a escrita de carta de reclamação.

As crianças podem desenvolver estratégias de paragrafação?

Foi verificado que, mesmo sem vivenciarem de forma sistemática e reflexiva atividades de reflexão sobre paragrafação, alunos muito jovens podem desenvolver estratégias de paragrafação pertinentes ao gênero adotado para a escrita. Foi o que Silva (2007) percebeu quando analisou 37 cartas de reclamação escritas por alunos da 2ª, 4ª e 6ª séries, de redes públicas de ensino de Pernambuco.

Nesse estudo, os alunos vivenciaram uma sequência didática envolvendo o gênero "carta de reclamação", para que pudessem ativar seus conhecimentos prévios tanto sobre os gêneros orais – reclamação oral – quanto escritos – outros tipos de cartas e cartas de reclamação. A pesquisadora afirma que tal vivência foi importante por ajudar a diminuir os efeitos do possível "desconhecimento" do gênero, facilitando a produção da carta e não "bloqueando" uma possível organização dos textos em partes.

Ao final das atividades, 151 textos foram produzidos, mas apenas 20 textos de cada turma foram selecionados, por meio de sorteio, para serem analisados, totalizando, assim, 60 textos. Após uma primeira análise em relação à cadeia argumentativa, a estudiosa comenta que somente 37 textos eram, de fato, cartas de reclamação, ou seja, apenas 37 conseguiram atender ao comando da atividade de produção. Como a pesquisa buscava analisar a paragrafação em cartas de reclamação, o número de textos teve de realmente ficar reduzido para 37. Na amostra final, permaneceram 11 textos escritos por alunos da 2ª série, 10 por alunos da 4ª e 16 textos da 6ª série.

Os resultados em relação à paragrafação apontaram que uma parte das crianças e adolescentes organizava seus textos utilizando critérios relacionados ao gênero solicitado na escrita.

Das 37 cartas analisadas, 14 (37,8%) foram escritas em bloco único. Tal estratégia de divisão, no entanto, foi considerada pertinente nas situações em que apenas um objeto de reclamação foi eleito e, nesse caso, a escrita em bloco único era suficiente para a organização da cadeia desenvolvida. A seguir apresentamos uma dessas cartas.

Carta 1

2ª série, sexo masculino, 8 anos.

> 14/11/2006 Carta de Reclamação, adiretora da escola
> aminha carta e sobre as cadeiras quando ajente chega aqui não
> tencadeiras sufisiente para ajente centar porque não ten ajente
> fica pralar e pracar tanbenajente ficar jaestanahora de isso parar
> inão tadado serto você não acha em sovocê pode melhora iso
> você e a unica pesoa que pode fazer iso

A carta, como pode ser visto, traz apenas um objeto alvo da reclamação: a quantidade insuficiente de cadeiras na escola. O aluno insere suas justificativas visando convencer a diretora de que sua reclamação merece ser atendida ("os alunos ficam pra lá e pra cá"; "os alunos ficam atrapalhando a aula das outras professoras"; "os alunos ficam carregando peso"). Além disso, responsabiliza explicitamente a gestora da escola pelo problema ("só você pode melhorar isso"). Verifica-se, então, que a cadeia argumentativa do texto é consistente, mesmo ele contendo poucas linhas, e que a estratégia utilizada pela criança de não segmentar o texto em parágrafos não prejudicou a organização geral do texto.

Outra estratégia bastante pertinente utilizada por duas crianças (5,4% do total analisado) foi a de relacionar os parágrafos aos componentes textuais próprios de uma carta de reclamação (cada bloco era destinado a um componente textual). Havia, portanto, parágrafos em que se delimitava(m) o(s) objeto(s) da reclamação; outros em que se realizava apenas o processo de justificação; outro ainda no qual se explicitava uma sugestão para a solução dos problemas; e assim por diante. Apresentamos, a seguir, um desses textos.

Carta 2

4ª série, sexo feminino, 11 anos.

> Tia eu não consigo fazer
> a tarefa nesse calor.
> Por que não tem muita ventilação
> na sala de aula
> era pra ser os quatro ventilador
> mais não sei porque que os quatro não pega!
> e esses dois não ventila nada.

A carta é dividida em quatro blocos, marcados não convencionalmente. Há apenas um objeto sendo reclamado: o calor que faz na sala. Na primeira parte do texto, é dada uma justificativa que demonstra a relevância do problema, que ainda não foi exposto explicitamente, mas que é facilmente percebido (o calor). No processo de justificação, a criança deixa claro que o problema tem afetado os alunos ("os alunos não estão conseguindo fazer a tarefa no calor"). Na segunda e quarta partes, a aluna busca uma explicação para tal calor ("a sala não dispõe de muita ventilação e tem dois ventiladores que não ventilam nada"). No terceiro parágrafo, levanta uma ideia para a solução do problema (fazer funcionar os quatro ventiladores existentes na sala).

Como podemos notar, a argumentação é consistente. A estratégia de distribuir os componentes em parágrafos diferentes permite que visualizemos de forma bem delimitada todos os elementos que construíram tal cadeia argumentativa. Trata-se, neste sentido, de uma forma de organização que auxilia o leitor no caminho percorrido em busca do entendimento das reclamações.

Por outro lado, ao separar o objeto alvo de reclamação da justificativa dessa reclamação, o texto ficou muito fragmentado. O importante a ser destacado aqui, no entanto, é que tal estratégia revela uma "intuição" quanto aos componentes da carta de reclamação e uma preocupação em ajudar o leitor a acompanhar cada etapa do processo argumentativo.

Por fim, um bom número de alunos (12 textos: 32,4%) optou por organizar seu texto da seguinte forma: para *cada parágrafo* era reservada a apresentação (e, em parte dos casos, a argumentação) de *um objeto* alvo de reclamação. Não havia, portanto, a separação em diferentes blocos dos componentes textuais referentes ao mesmo objeto, pois estes apareciam dentro de um mesmo parágrafo, como pode ser visto a seguir.

Carta 3

6ª série, sexo masculino, 13 anos.

> Essa escola deve melhorar muitas coisas, nós como estudantes pedimos que você melhore esta escola
>
> Em muita coisa essa escola deve melhorar é a falta de água na escola, nós ficamos com sede, a água ás vezes é quente.
>
> E deveriam arrumar também os ventiladores, porque só tem 2 e 1 quebrado é de mais!!!
>
> E eles são sujos, faz mal para nossa saúde.
>
> E os livros devem ser novos não usado.
>
> E no banheiro deve ter água na pia e na descarga, e o banheiro deve ser limpo, e deve ter papel.

No primeiro parágrafo da carta, o estudante faz apenas uma introdução para o seu texto. Nas partes seguintes, expõe reclamações distintas: a falta de água ("os alunos ficam com sede"); a existência de apenas dois ventiladores na sala; a sujeira desses ventiladores; o fato de as crianças da escola receberem livros velhos para estudar; o fato de o banheiro não ter água na pia nem nas descargas, sendo muito sujo.

Ao lermos essas cartas, é possível perceber o quanto as crianças e os adolescentes se esforçaram para dar uma lógica coerente à organização de seus textos. Eles parecem reconhecer que a divisão do texto em partes não pode ser aleatória, ao livre-arbítrio do escritor. No entanto, nove (9) crianças (24,3%) evidenciaram não haver uma lógica clara para a organização do texto em partes, ou seja, não conseguimos identificar quais foram os possíveis critérios utilizados na paragrafação. Além disso, outras crianças tinham claramente uma estratégia argumentativa articulada aos modos de paragrafar, mas optaram por segmentações nem sempre úteis aos seus propósitos, ou seja, poderiam aprimorar suas estratégias.

Com essa pesquisa, percebemos que as estratégias para satisfazer as condições do contexto de produção e organizar o texto de maneira a ajudar o leitor na compreensão não é algo adquirido naturalmente, mas construído. Por isso mesmo, não podemos deixar os alunos sozinhos nessa tarefa de se apropriar da paragrafação, pois, enquanto alguns, mais observadores, constroem suas hipóteses, outros passam mais tempo vivendo a angústia de não entenderem as razões para terem de fazer tal divisão.

Vemos, portanto, que é necessário definir boas estratégias didáticas para ensinar as crianças a paragrafar os textos.

Como ensinar os estudantes a construir parágrafos?

Como vimos anteriormente, há um predomínio do conceito de parágrafo-padrão entre os estudiosos da área, e isso, provavelmente, influencia a perspectiva de trabalho com tal assunto nas salas de aula. Um primeiro indício dessa hipótese pode ser visto em uma pesquisa que realizamos anteriormente (SILVA; LEAL, 2006), na qual buscamos analisar duas coleções de livros didáticos aprovadas com distinção pelo Programa Nacional do Livro Didático – 2004 (PNLD/MEC), destinadas aos anos iniciais do ensino fundamental (1ª à 4ª série):

Coleção 1 – *Português: uma proposta para o letramento: ensino fundamental* (SOARES, 1999)
Coleção 2 – *Construindo a escrita: textos, gramática, ortografia* (CARVALHO *et al.*, 2001).

Os resultados evidenciaram que havia, subjacente a várias atividades propostas nos livros didáticos, uma concepção de parágrafo-padrão, com atividades pouco reflexivas. Porém, boas atividades também foram encontradas. Havia dois tipos principais de propostas didáticas: atividades com fornecimento de roteiros prévios para a construção de parágrafos e atividades com a associação do parágrafo ao seu tópico frasal.[2] Em relação ao primeiro tipo citado, foram identificadas três atividades na Coleção 1. Na Coleção 2, esse tipo não foi encontrado. O exemplo a seguir pode ilustrar tal tipo de atividade.

Exemplo 1 (Coleção 1, 3ª série, p. 75-76)

---

[2] Pinheiro (2005) entende tópico como o assunto acerca do qual se está falando ou escrevendo. O tópico frasal corresponde à ideia mais relevante, à síntese do parágrafo, que pode estar explícita em um trecho do parágrafo ou estar subentendida no parágrafo de modo geral.

UNIDADE 2 É JÓIA OU É UMA CHATICE?

3 No grupo, leiam seus textos uns para os outros, comparem e discutam o que cada um escreveu, e transformem os vários textos em um único texto.

Escolham um dos membros do grupo para ser o escriba.

Pessoa que copia o que outros escreveram ou escreve o que outros ditam.

Organizem o texto do grupo, juntando partes dos vários textos:

* *Primeiro parágrafo (introdução):* Decidam como iniciar o texto apresentando o problema — ser filho único, dormir sozinho num quarto só seu é bom ou não? Ou pode ser as duas coisas: às vezes é bom, às vezes não é? O escriba vai escrever o que vocês decidirem.

* *Segundo parágrafo:* Vantagens de ser filho único, dormir sozinho num quarto só seu (decidam como o escriba deve escrever as vantagens apresentadas pelos colegas do grupo).

* *Terceiro parágrafo:* Desvantagens e problemas de ser filho único, dormir sozinho num quarto só seu (decidam como o escriba deve escrever as desvantagens apresentadas pelos colegas do grupo).

* *Quarto parágrafo (conclusão):* Vocês vão decidir qual é a conclusão do grupo: há mais vantagens que desvantagens? Ou o contrário? Ou tanto há vantagens como desvantagens? Etc. O escriba vai escrever o que vocês decidirem.

A atividade, apesar de restringir as possibilidades de construção de estratégias de paragrafação, pode ajudar as crianças a perceberem que é possível organizar um texto em que cada parágrafo tenha um tópico a ser desenvolvido. Cada criança precisa construir seu próprio texto e é estimulada a perceber que o planejamento da divisão do texto é relevante. Apesar de trazer benefícios aos estudantes, é importante que este não seja o único tipo de atividade a ser proposto aos estudantes.

Reconhecemos que tal atividade pode ajudar a criança a compreender como organizar seus textos, mas sugerimos que tarefas de escrita de textos, mesmo quando se deseja focar um conteúdo curricular específico, sejam propostas com indicação da finalidade de escrita e dos destinatários. A atividade analisada não contempla tal recomendação, o que dificulta, por exemplo, a reflexão sobre por que o texto deveria conter diferentes pontos de vista sobre o tema proposto.

O segundo tipo de atividade frequente em livros didáticos, como já foi dito, é de associação do parágrafo ao seu tópico frasal. Foram encontradas tais atividades nas duas coleções. Na Coleção 1, foram identificadas sete atividades, de um total de 10. Na Coleção 2, três atividades, de um total de 42. O exemplo a seguir ilustra esse tipo de atividade.

Exemplo 2 (Coleção 1, 2ª série, p. 110-111)

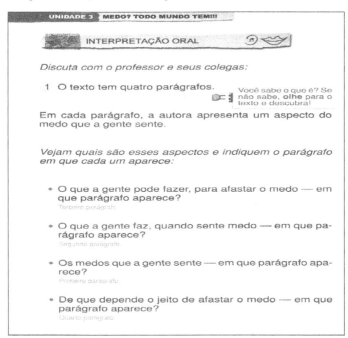

Como podemos ver, há ênfase na ideia de que é preciso dividir o texto e de que tais textos precisam ter introdução, desenvolvimento e conclusão. Não havendo atividades com textos que se configurem de outros modos, as tarefas podem induzir as crianças à ideia de que todo texto adota essa forma de organização.

Sabemos que essas propostas didáticas podem ser significativas no processo de aprendizagem da paragrafação, mas apenas tais tipos de atividades não são suficientes para garantir aos alunos conhecimentos e habilidades para a tomada de decisão frente ao desafio de organizar o texto em partes, nem para a compreensão de que há uma imensa diversidade de estratégias de paragrafação, ou de que há uma intenção do autor de provocar determinados efeitos de sentido ao dividir os parágrafos. Desse modo, outros tipos de atividades precisam ser contemplados na prática pedagógica.

Uma atividade muito interessante é a leitura protocolada, em que o professor pede, após cada parágrafo, para que os estudantes expliquem o conteúdo do trecho lido. Após tal fase da atividade, podem ser adicionadas tarefas em que as crianças tentem discutir por que o autor dividiu o texto naqueles parágrafos e se haveria outra forma para fazer a divisão.

Outra atividade importante é a de solicitar aos estudantes que ordenem em parágrafos um texto cujas partes tenham sido recortadas. Os estudantes teriam de ler cada pedaço e organizar o texto sequencialmente. Tal atividade exige que o aluno tente recuperar o encadeamento pretendido pelo autor do texto. Após o trabalho dos estudantes, podem ser realizadas discussões sobre os modos como eles sequenciaram, com análise das estratégias de uso dos conectivos e processos de referenciação (mecanismos que servem, por exemplo, para introduzir novas informações ou retomá-las nos textos) utilizados pelos alunos.

As atividades de completar textos em que falta um parágrafo também permitem que os estudantes percebam a importância do parágrafo na organização da sequência textual. A comparação entre os textos produzidos pode ser muito favorável à tomada de consciência de como um parágrafo pode elucidar melhor o que se está querendo dizer em um texto.

Pedir que as crianças, em grupo, dividam um texto em parágrafos também é bastante produtivo, pois as leva a discutir possíveis estratégias de paragrafação e pode ajudá-las a entender que podemos paragrafar um texto de diferentes modos, com diferentes intenções. Refletir como diferentes informações podem ser agrupadas em um mesmo parágrafo pode ser outra boa estratégia didática. A atividade da Coleção 2, a seguir, pode exemplificar tal tipo de abordagem didática.

Exemplo 3 (Coleção 2, 2ª série, p. 132-133)

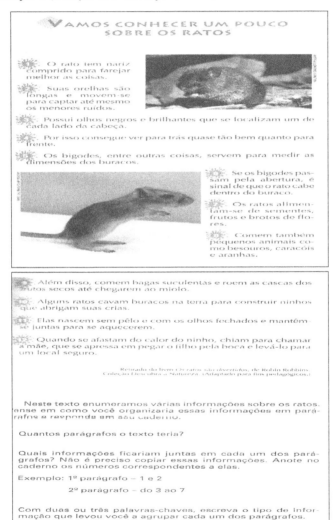

Nessa atividade, os estudantes podem, conjuntamente, concluir que é possível planejar o que será dito em cada parágrafo de um texto. Têm a oportunidade, também, de perceber que diferentes informações podem estar em um mesmo parágrafo e que os agrupamentos de informação podem ser feitos por diferentes critérios. Seria interessante também fazer tal tipo de atividade considerando-se um determinado texto e depois analisar como o autor do texto organizou as informações e os efeitos de sentido provocados por essa organização.

Enfim, propor diferentes tipos de atividades é importantíssimo para garantir que diferentes conhecimentos sejam construídos pelos estudantes. Além disso, é fundamental que diferentes gêneros discursivos sejam utilizados nessas atividades para que os estudantes aprendam também as especificidades dos tipos de paragrafação nesses gêneros.

Por exemplo, podem ser comparadas as estratégias de paragrafação em um edital de concurso ou em instruções de jogos com as estratégias adotadas em contos. Podem ser realizadas reflexões sobre a organização dos poemas em partes, em comparação com as letras de música, na busca das semelhanças e das diferenças. As notícias também podem ser comparadas aos contos, na busca de semelhanças e diferenças.

Diferentes estratégias didáticas podem ser adotadas para ajudar as crianças a paragrafar de maneira mais adequada às suas intenções comunicativas e a usar as pistas da paragrafação para compreender melhor os textos lidos.

Considerações finais

Como vimos discutindo neste capítulo, a paragrafação pode ser objeto de reflexão nos anos iniciais do ensino fundamental. As crianças, como evidenciamos por meio do estudo realizado por Silva (2007), são capazes de desenvolver estratégias de organização do texto adequadas aos propósitos de interação. No entanto, para que isso ocorra, é importante que elas tenham acesso a diferentes textos, não apenas lendo-os, mas pensando sobre as estratégias dos autores para construir sentidos. Promover situações variadas de escrita de textos também é fundamental para que os estudantes se tornem produtores de textos. Além de ler/discutir/produzir textos, outras atividades problematizadoras que levem as crianças a discutir sobre diferentes dimensões textuais também são enriquecedoras.

Por fim, retomamos nosso pressuposto já explicitado: a paragrafação pode ser um objeto de ensino privilegiado, por possibilitar que diferentes conhecimentos sobre os textos e as práticas de linguagem sejam mobilizados e socializados.

Referências

ABREU, A. S. *Curso de redação*. São Paulo: Ática, 1991.

ALMEIDA, N. M. de. *Gramática metódica da língua portuguesa.* 36. ed. São Paulo: Saraiva, 1989.

ANDRADE, M. M. de; HENRIQUES, A. *Língua portuguesa*: noções básicas para cursos superiores. 5. ed. São Paulo: Atlas, 1996.

ANTUNES, I. *Aula de português*: encontro e interação. São Paulo: Parábola, 2003.

CARVALHO, C. S. C. T. *et al. Construindo a escrita*: textos, gramática e ortografia. São Paulo: Ática, 2001.

DAHLET, V. A pontuação e as culturas da escrita. *Revista de Filologia Linguística Portuguesa*, n. 8, p. 287-314, 2006.

DUBOIS, J; GRACOMO, M.; GUESPIN, L.; MARCELLESI, J. B.; NEVEL, J. P. *Dicionário de linguística*. São Paulo: Cultrix, 1973.

FARACO, C. A.; TEZZA, C. *Prática de texto*: língua portuguesa para estudantes universitários. Petrópolis: Vozes, 1996.

FERREIRA, A. B. de H. *Novo dicionário da língua portuguesa*. Rio de Janeiro: Nova Fronteira, 1975.

FERREIRA, D. F. *Ensinar português é ensinar gramática?* As expectativas de pais e alunos. 2008. Dissertação (Mestrado em Linguística Aplicada) – Programa de Pós-graduação em Linguística, Universidade de Taubaté, Taubaté, 2008.

FIGUEIREDO, L. C. *A redação pelo parágrafo*. Brasília: Editora Universidade de Brasília, 1999.

GARCIA, O. M. *Comunicação em prosa moderna*: aprenda a escrever, aprendendo a pensar. 2. ed. Rio de Janeiro: Fundação Getúlio Vargas, 1997.

GERALDI, J. W. *Portos de passagem*. 4. ed. São Paulo: Martins Fontes, 1997.

KOCH, I. V. *O texto e a construção dos sentidos*. São Paulo: Contexto, 1997. (Caminhos da linguística.)

MADEIRA, F. Crenças de professores de português sobre o papel da gramática no ensino de Língua Portuguesa. *Linguagem & Ensino*, v. 8, n. 2, p. 17-38, 2005.

MARTINS, K. C.; PEREIRA, M. H. da. Gramática e reflexão: por um ensino crítico em prol da competência comunicativa. In: CONGRESSO NACIONAL DE LINGUÍSTICA E FILOLOGIA, 12., 2008, Rio de Janeiro. *Cadernos do CNLF*, Rio de Janeiro, UERJ, v. XII, n. 5, p. 35-50, 2008.

MENDONÇA, M. Análise linguística no ensino médio: um novo olhar, um outro objeto. In: BUNZEN, C.; MENDONÇA, M. (Org.). *Português no ensino médio e formação do professor*. São Paulo: Parábola, 2006.

NEVES, M. H. de M. *Que gramática estudar na escola?* Norma e uso de língua portuguesa. São Paulo: Contexto, 2003.

NUNES, G. da P. *O ensino da gramática* – a questão do verbo. 2001. Dissertação (Mestrado em Linguística) – Pós-graduação em Linguística, Universidade Federal de Uberlândia, Uberlândia, 2001.

PINHEIRO, C. L. Organização tópica do texto e ensino de leitura. *Revista Linguagem & Ensino*, v. 8, n. 1, p. 149-160, 2005.

POSSENTI, S. *Por que (não) ensinar gramática na escola*. Campinas: ALB/ Mercado de Letras, 1996.

RIBEIRO, M. L. O ensino da gramática: uma prática sem sentido? *Sitientibus*, Feira de Santana, Belo Horizonte, n. 10, p. 79-88, jul./dez. 1992.

ROCHA LIMA, C. H. da; NETO, R. B. *Manual de redação*. 5. ed. Brasília: MEC/FAE, 1994.

SCHNEUWLY, B. *Le language écrit chez l'enfant*: la production des textes informatifs et argumentatifs. Neuchâtel: Delachaux et Niestlé, 1988. p. 29-44.

SILVA, L. N. da. *A paragrafação em cartas de reclamações escritas por crianças*. 2007. Dissertação (Mestrado em Educação) – Pós-Graduação em Educação, Universidade Federal de Pernambuco, Recife, 2007.

SILVA, L. N. da; LEAL, T. F. A paragrafação em livros didáticos. In: ENCONTRO NACIONAL DE DIDÁTICA E PRÁTICA DE ENSINO, 13., Recife. *Anais...* Recife: UFPE, 2006.

SOARES, M. *Português*: uma proposta para o letramento – ensino fundamental. São Paulo: Moderna, 1999.

TRAVAGLIA, L. C. *Gramática e interação*: uma proposta para o ensino de gramática no 1º e 2º graus. São Paulo: Cortez, 2006.

Capítulo 6

Ensino de classes de palavras: entre a estrutura, o discurso e o texto

Danielle da Mota Bastos
Hérica Karina Cavalcanti de Lima
Sulanita Bandeira da Cruz Santos

As novas perspectivas que vêm sendo discutidas em torno do ensino de língua materna são decorrentes das mudanças de concepção de língua advindas, principalmente, dos estudos da Linguística e da Linguística Aplicada, bem como das teorias da área da Educação. Nesse sentido, a concepção de língua como um código que deveria ser dominado pelos falantes para que a comunicação se efetivasse, e que apontava para um ensino da Gramática Normativa, deu lugar a uma concepção de língua tida como interação, como trabalho empreendido pelos falantes.

Mudando a concepção de língua, mudou também o foco do ensino de língua materna, que, antes centrado no domínio das regras em atividades de reconhecimento e de classificação, agora se direciona para o uso social que dela fazemos e nos faz atentar também para o caráter reflexivo[1] do qual a linguagem se reveste. Isso implica assumir

---

[1] Conforme Geraldi (1997, p. 16), a *reflexividade,* ou seja, a capacidade da linguagem de se remeter a si mesma, constitui-se em sua característica essencial e isso faz com que, no processo interativo, as seguintes ações se concretizem: ações que os sujeitos fazem *com* a linguagem, ações que fazem *sobre* a linguagem e ações *da* linguagem.

que "a língua só se atualiza a serviço da comunicação intersubjetiva, em situações de atuação social e através de práticas discursivas, materializadas em textos orais e escritos" (ANTUNES, 2003, p. 42). Sendo assim, não mais há espaço para um ensino de língua que prioriza o estudo dos aspectos normativos, mas para o estudo da língua que passa a ser tomada como um fenômeno social de interação.

Dessa forma, o texto passa a ser o centro do ensino e a orientar a seleção dos conteúdos e os objetivos das atividades pedagógicas. Sendo colocado de forma ampla, o objetivo do trabalho didático da linguagem passa a ser a formação do leitor e produtor de textos, que emprega os recursos linguísticos na produção de sentidos em diferentes situações da vida social. Ou seja, em vez de querer que os alunos decorem regras gramaticais para aplicar em exercícios repetitivos, o ensino da gramática se volta para o domínio e o uso dos vários recursos da língua, nas diversas situações de interação social.

Porém, apesar das várias discussões já postas a respeito do ensino de gramática associado aos usos da língua, ainda há muitos professores que sentem dificuldade de trabalhar dessa forma – conforme revelam os estudos de Batista (1997), Britto (1997) e Morais (2001) –, embora aceitem as teorias vigentes sobre esse ensino (as ideias sobre a análise linguística) e sintam-se desejosos de fazê-lo. Sabendo disso – e na tentativa de contribuir com a reflexão sobre o trabalho com a gramática em sala de aula –, temos como objetivo, neste capítulo, refletir sobre o ensino de língua numa perspectiva sociodiscursiva, a partir da análise da prática de um professor de ensino médio em relação ao ensino de uma categoria gramatical.

A fim de orientar melhor o leitor, organizamos este texto da seguinte forma: num primeiro momento, trazemos reflexões acerca da concepção de gramática por nós adotada e do que compreendemos sobre análise linguística. Em seguida, apontamos algumas discussões a respeito do ensino das classes de palavras e, com base nos princípios de ensino de língua aqui destacado, tomamos como exemplo a prática de um professor do ensino médio. Após as discussões, apresentamos as nossas considerações finais.

Gramática e análise linguística:
em busca da harmonia

Tecendo considerações sobre o ensino de língua materna, Bagno (2002) defende que deve haver na escola espaço e tempo para reflexão linguística de modo sistemático e consciente, de modo que a língua mereça análise, reflexão e investigação. Em outras palavras, podemos dizer que o trabalho escolar que se faz com a linguagem só será produtivo quando houver uma busca por novas formas de expressão e compreensão do sentido por meio de práticas que intensifiquem o contato do aluno com a própria língua e com outros sujeitos. Só será significativo também, se o ensino estiver comprometido com a formação de alunos que possam conhecer e reconhecer a realidade intrinsecamente variável e heterogênea da língua, a qual está sujeita aos influxos das ideologias e dos juízos de valor.

Para Suassuna (1995, p. 127), "a função social do conhecimento é resgatada – no caso do Português – se com ele, através dele compreendemos o mundo, expressamos a nossa compreensão e buscamos modos de intervir sobre ele, transformando-o".

Portanto, em lugar de priorizar as respostas ao "como", "quando" e "o que" ensinar em termos de língua materna, é preciso responder primeiramente à questão: "Para que ensinamos o que ensinamos?" (GERALDI, 2000). Todavia, a resposta a essa pergunta envolve não apenas uma mudança na concepção de língua, como já colocamos, mas também na concepção de gramática e de sujeito.

Gramática: a estrutura a serviço do funcionamento da língua

Tomar "a linguagem como atividade discursiva, o texto como unidade de ensino, a noção de gramática como relativa ao conhecimento que o falante tem de sua linguagem" (BRASIL, 1998, p. 27) e o sujeito como ser que age, que atua sobre outros sujeitos, é entender que o trabalho pedagógico com a língua materna deve ser um processo que possibilite ao aluno desenvolver as mais variadas práticas comunicativas nos diferentes contextos de uso da língua. É, sobretudo, compreender que não se domina uma língua pela incorporação de itens lexicais, pelo aprendizado de um conjunto de regras gramaticais ou pela apreensão de um conjunto de princípios de como produzir um texto (oral ou escrito) bem montado (POSSENTI, 1997). Mais do que isso: aprendemos a usar língua no ato da reflexão sobre ela, nas operações de construção de sentido realizadas no momento da interlocução. Afinal, como destaca Antunes (2003, p. 85-86),

> Quando alguém é capaz de falar uma língua é então capaz de usar, apropriadamente, as regras (fonológicas, morfológicas, sintáticas e semânticas) dessa língua (além, é claro, de outras de natureza pragmática) [...] Aprender uma língua é, portanto, adquirir, entre outras coisas, o conhecimento das regras de formação dos enunciados dessa língua. Quer dizer, *não existe falante sem conhecimento de gramática.* (Grifo nosso)

Assim como propõe Antunes, concebemos *gramática* como um conjunto de regras que explicitam o funcionamento de uma língua, ou seja, as regras que o falante de fato aprendeu e das quais lança mão para interagir. Nesses termos, aceitar o caráter discursivo e dialógico da língua não implica defender a eliminação do ensino da norma padrão, da metalinguagem, da estrutura da língua. Pelo contrário, acreditamos que o ensino desses aspectos deve estar a serviço da construção de sentido de um texto, tanto na perspectiva da compreensão quanto da produção textual. Como destaca Mattos e Silva (1991, p. 16):

> Esse saber metalinguístico intuitivo, do mesmo modo que o saber linguístico natural, não deveriam nunca estar excluídos (*sic*), pelo contrário, fariam partes do processo pedagógico contínuo de enriquecimento da língua que o indivíduo já traz na sua bagagem que precede à escolarização. Seria esse um caminho para o desenvolvimento da capacidade de pensar sobre suas diversas formas de comunicar, sem tentar explicitamente as teorizações gramaticais.

Defendemos que é papel da escola criar condições para que a norma padrão seja aprendida, ou seja, é seu dever enriquecer e fazer explicitar o saber metalinguístico que os falantes possuem para que possam ter acesso ao conhecimento cultural da sua língua, que foi desenvolvido ao longo de muitos anos, dentre os quais está a Gramática Tradicional.

Assim, salientamos que a questão não é se devemos ou não ensinar gramática e teoria gramatical. O que está em jogo é discernir sobre que objeto linguístico ensinar e, sobretudo, como ensiná-lo, relacionando-o aos mais variados gêneros textuais e contextos de interação.

Sendo assim, o ensino de gramática só faz sentido se estiver a serviço da produção de textos orais e escritos, se permitir a exploração das possibilidades significativas dos diferentes recursos linguísticos de que dispõem a língua, e das condições de uso dessa língua. Isso porque não há texto sem gramática e não há como se comunicar sem ser por meio de textos. Até porque comunicar-se significa, principalmente, produzir efeitos de sentido na/pela interação. Como coloca Travaglia (2001, p. 45), "por isso é que se pode afirmar que a gramática de uma língua é o conjunto de condições linguísticas para a significação". Ainda de acordo com o autor (p. 45),

> [...] tudo que é gramatical é textual e, vice-versa, tudo o que é textual é gramatical. Assim, quando se estudam aspectos gramaticais de uma língua, estão sendo estudados os recursos de que a língua dispõe para que o falante/escritor constitua seus textos para produzir os efeitos de sentido que pretende sejam percebidos pelo ouvinte/leitor. E quando são estudados aspectos textuais da língua estamos estudando como esses recursos funcionam na interação comunicativa.

Tendo construído, então, o conceito de gramática, torna-se necessário discutir um pouco a ideia da análise linguística, de forma a esclarecer os limites e as fronteiras existentes não apenas entre uma terminologia e outra, mas também entre um jeito ou outro de ensinar a estrutura e o funcionamento da língua.

Análise linguística: mais do que um novo nome, um novo jeito de abordar a língua[2]

Diante das novas perspectivas teóricas construídas sobre língua, linguagem e sua metodologia de ensino, Geraldi (2000) cogitou a necessidade de se criar um novo termo – *análise linguística* (AL) –

---

[2] A esse respeito, consulte-se o capítulo 1 deste livro.

para estabelecer uma distinção entre o que era feito anteriormente na escola em termos de trabalho com gramática e o que se propunha a partir de então. Segundo ele, a prática de análise linguística é a unidade de ensino em que se analisam os recursos expressivos da língua, vista como prática discursiva, a fim de auxiliar o aluno, principalmente, nas suas atividades de reescrita.

Portanto, usar o termo análise linguística não significa lançar mão de uma nova nomenclatura para um velho objeto e uma antiga prática, mas de uma nova perspectiva de reflexão sobre o sistema linguístico do português, sobre as estratégias discursivas e sobre os usos do idioma, consistindo numa reflexão explícita e organizada sobre o funcionamento da linguagem para o desenvolvimento da *competência comunicativa*.[3] Parte-se do pressuposto de que uma coisa é saber a língua, saber dominar as habilidades de uso da língua em contextos de interação comunicativa; outra coisa, bem diferente, é saber falar *sobre* a língua, dominar conceitos e metalinguagem.

Geraldi (1996) esclarece que não é a metalinguagem que permite compreender a língua, mas a compreensão da língua é que exige uma metalinguagem. É a partir do texto que se chega à gramática, e não o inverso. Ele destaca que "o objetivo não é o aluno dominar terminologia (embora possa usá-la), mas compreender o fenômeno linguístico em estudo" (2000, p. 74).

Franchi (1987) também acredita que é no exercício de operações sobre a língua que se compreende melhor a função da morfologia e da sintaxe, o caráter relacional das estruturas sintáticas, o valor categorial dos elementos linguísticos. O autor sustenta, ainda, que, antes de saber o que são esses elementos, antes de classificá-los, é preciso ter participado do jogo de construção e reconstrução do texto em que esses elementos estão presentes.

O problema, como esclarece Mendonça (2006), reside no modo como se dá essa reflexão sobre a linguagem na escola, com quais objetivos, com que base. A AL não elimina a gramática das salas de

---

[3] A Sociolinguística entende por *competência comunicativa*, em linhas gerais, a capacidade de um falante saber o que falar e como falar com quaisquer interlocutores em qualquer contexto/circunstância comunicativa, usando, de forma consciente e adequada, os recursos linguísticos próprios de seu idioma.

aula – a questão está em repensar o que é importante ensinar nas aulas de português, e como fazer esse ensino. Segundo a autora (p. 206):

> Numa perspectiva sociointeracionista de língua, a AL constitui um dos três eixos básicos do ensino de língua materna, ao lado da leitura e da produção de textos. Ao assumir tal ponto de vista teórico, o estudo dos fenômenos linguísticos em si mesmo perde sentido, pois se considera que a seleção e o emprego de certos elementos e estratégias ocorrem, afora as restrições óbvias do sistema linguístico, em consonância com as condições de produção dos textos [...].

Desse modo, a análise linguística passa a ser, no processo pedagógico, um instrumento de ampliação das competências linguísticas e discursivas desejadas para a formação plena do usuário. O que se pretende, na verdade, é um aluno que saiba: (1) utilizar a linguagem em contextos sociais diversos (isso inclui o domínio da norma padrão); (2) entender os processos linguísticos subjacentes às possibilidades de uso da língua a ponto de ser capaz de monitorá-las; (3) refletir conscientemente sobre os fenômenos gramaticais e textual-discursivos; (4) acima de tudo, também por meio da língua, ampliar cada vez mais sua inserção social.

Então, como ensinar gramática na perspectiva da análise linguística?

O ensino das categorias gramaticais: da classificação à construção de sentidos do texto

Um dos grandes desafios do ensino da gramática na perspectiva da análise linguística reside no ensino de conteúdos como o das classes de palavras, justamente por sabermos que essas têm sido abordadas quase sempre de modo separado das questões textual-discursivas, e apenas do ponto de vista teórico, classificatório e normativo.

Dias (2005), ao tecer reflexões sobre o tratamento dado às classes de palavras pelos livros didáticos, chama a atenção para um fenômeno por ele denominado de "efeito de evidência de conceito" e "efeito de apagamento do conceito". Segundo o autor, ambas as tendências contribuem para um ensino inadequado desse tópico gramatical, pois, no primeiro efeito, de tendência conservadora, ocorre uma centralidade no estudo da definição, classificação, demonstração do conceito da classe de palavra em análise e compreensão da regra, não havendo, portanto, espaço para uma reflexão sobre os efeitos de sentido possíveis e adequados a tal recurso linguístico ou discussão sobre situações nas quais tal conceito escapa e sobre a flexibilidade da palavra no texto.

Já no segundo efeito, de tendência inovadora, há uma diminuição no espaço destinado ao estudo das classes morfológicas. Na verdade, há uma diminuição do papel da gramática no ensino de língua materna, influenciada pelas críticas que vinham sendo tecidas sobre a gramática tradicional, no argumento de que a gramática normativa é insuficiente para apresentar ao aluno um saber teórico e sistemático sobre a língua, principalmente, na competência de leitura e produção de texto. O problema é que, ao lado desse apagamento/diminuição do espaço dado a esse conhecimento, ocorre a necessidade de um conhecimento da classificação e teorização das palavras, que acaba tendo de ser buscado na Gramática Tradicional. Também não há uma discussão sobre os recursos da língua a fim de usá-los de modo expressivo em situações específicas de interação.

A esse modo de tratar as classes de palavras descrito por Dias, soma-se a miscelânea de critérios para classificação das classes de palavras (ora morfológico, ora sintático, ora semântico, ora funcional), isto é, não há uniformidade no momento de definir e classificar os vocábulos. Além disso, feita de forma descritiva e prescritiva, essas "análises" podem prejudicar a compreensão adequada das diferentes classes de palavras e de suas classificações. Aliás, como apontou Britto (1997), essa é uma das inúmeras críticas feitas ao modelo tradicional de gramática e ao seu ensino, já que, tratando assim esse conteúdo, restam aos alunos apenas a memorização e a reprodução de tais teorias gramaticais, mesmo que isso não faça nenhum sentido para eles.

Dessa forma, solidarizamo-nos com Mendonça (2005), quando afirma que, ao se tomar a língua como atividade sociodiscursiva, os recursos gramaticais devem assumir a função de contribuir para o estabelecimento da produção de sentido em um determinado contexto de interação. Assim, e nas palavras da autora (p. 115),

> [...] a sistematização de aspectos gramaticais por meio da reflexão metalinguística adquire um valor essencial: contribui para a percepção do modo como os elementos linguísticos são selecionados e combinados no processo de textualização (seja na leitura, seja na produção). Isso significa situar os tópicos gramaticais na perspectiva não só formal ou normativa, mas semântico-pragmática do funcionamento textual.

Como não poderia ser diferente, partimos do pressuposto de que um ensino mais significativo de língua, a partir das classes gramaticais, deve privilegiar o conhecimento de como cada classe de palavras atua na organização e produção de textos, contribuindo para ampliar a compreensão e produção textual do aprendiz em diferentes gêneros textuais. Deve servir também para lhe assegurar a exploração das diversas possibilidades combinatórias das palavras na construção de sentido do texto. Devemos, portanto, priorizar um ensino de classes de palavras em que, diante da mobilidade dos vocábulos, essas sejam observadas sob diferentes critérios. Uma alternativa possível será abordada por nós, a partir de agora.

Ensino de "pronomes": uma abordagem gramatical, textual e discursiva

Neste item, traremos o exemplo de aulas de língua portuguesa dirigidas ao 2° ano do ensino médio, cujo conteúdo é a classe de palavras *pronomes*. Elas foram ministradas pelo professor Quintana,[4] que leciona no Colégio de Aplicação da UFPE.

No programa disciplinar da escola/série, é sugerido, como objetivo específico de ensino de língua portuguesa para o ensino médio, *o trabalho com as variedades linguísticas, a modalidade culta da língua e a utilização adequada de pronomes (colocação pronominal).* Contudo, presenciamos uma atividade pedagógica que vai além disso:

---

[4] Nome fictício escolhido pelo próprio professor de língua portuguesa.

nela, é realizado um estudo reflexivo sobre essa categoria gramatical, a partir do texto – como sugerem as teorias vigentes já discutidas neste capítulo –, que segue dois horizontes diferentes: o textual-discursivo e o gramatical.

Para introduzir o ensino dos pronomes, mais especificamente dos pronomes pessoais, o professor Quintana utilizou duas músicas de autoria de Chico Buarque de Hollanda: "Apesar de você"[5] e "Maninha"[6].

O professor Quintana apresentou as músicas aos alunos, deixou-os ouvir, cantou com eles, explorou o conhecimento prévio deles sobre o cantor, suas músicas mais conhecidas etc. Após esse momento de "deleite", o professor perguntou aos alunos quais são os pronomes pessoais da música "Apesar de você". Com base na resposta dos alunos, que citaram todos os pronomes que a música possui, o professor destacou, então, os principais pronomes, e perguntou novamente qual era o pronome referente, ou quais eram os pronomes referentes, no texto. Os alunos, prontamente, responderam que eram você e eu. O professor, então, questionou se os termos a que tais pronomes se referiam estavam presentes no texto. Uma aluna respondeu que estava fora do texto. Diante da resposta, o professor lançou outra pergunta desafiadora: se os termos não estão na música, a quem se referem?

As respostas foram distintas: um aluno disse que se referiam ao leitor; outro disse que o pronome *você* se referia ao presidente da República da época em que a música foi lançada. Descartando a possibilidade de tais pronomes se referirem ao leitor, o professor alimentou o embate, perguntando quem seria o tal presidente que o pronome você fazia referência. Enquanto os alunos foram citando nomes de presidentes militares, chegaram à conclusão de que se tratava do presidente Médici. A partir daí, o professor começou a esclarecer a música, afirmando que era a História que contextualizava o elemento a

---

[5] Em: CHICO BUARQUE. Apesar de você. Philips, 1970 – Compacto, lado A.

[6] Em: MIÚCHA; TOM JOBIM. Miúcha & Antônio Carlos Jobim. RCA Victor, 1977. LP, faixa 10.

quem possivelmente o pronome *você* se referia, já que, textualmente, não havia nada que indicasse o referente.

Ao tratar da música "Maninha", o professor fez um trabalho semelhante com a linguagem: perguntou quais eram os referentes, questionou quem seria Maninha, se Maninha era homem ou mulher, e assim, juntos, professor e alunos foram identificando elementos do texto, até chegarem à conclusão de que a música retratava duas personagens femininas que eram irmãs (o professor ressaltou que o eu lírico também era mulher).

Na sequência, o professor questionou: quem seria "ele", na música? Os alunos foram levantando hipóteses, que foram sendo apreciadas pelo professor. Uma aluna opinou que uma das irmãs foi para uma cidade grande, enquanto a outra ficou no campo, havendo, assim, uma separação entre elas. Após discutir a possibilidade de a resposta da aluna estar certa ou não, o professor perguntou qual(is) dos alunos já teve(tiveram) uma relação de amizade com um irmão ou irmã, e essa relação sofreu uma cisão devido ao aparecimento de uma terceira pessoa (namorado(a) ou amigo(a), por exemplo). Os alunos relataram suas experiências e o professor aproveitou esses relatos para relacioná-los à ideia da música, dizendo que, situando historicamente o contexto da obra, o pronome "ele" referia-se ao general Geisel, apesar de não haver, na música, nenhuma referência textual que remetesse a esse ex-presidente ou a qualquer outra pessoa e que, por conta dessa referência extratextual, o texto ganhava uma abertura muito grande, podendo aplicar-se a várias situações. Após isso, o professor pediu aos alunos que pesquisassem outros textos em que ocorriam casos de pronomes cuja referência fosse dêitica[7], exemplificando melhor a realização da atividade.

Nas aulas seguintes, o professor realizou atividades mais estruturais a respeito dos pronomes. A partir da resolução de exercícios retirados de um livro didático (MAGALHÃES; CEREJA, 2009), ele discutiu com os alunos questões da norma padrão: colocação pronominal,

---

[7] Segundo Ilari (2002), Introdução à Semântica, dêiticos são termos ou expressões que se interpretam por referência a elementos do contexto extralinguístico. Seria, por exemplo, o caso dos pronomes pessoais, eu e você que, na maioria de seus usos, remetem para a pessoa que fala e para pessoa com quem se fala.

uniformidade de tratamento, uso dos pronomes de tratamento, pronomes do caso reto e do caso oblíquo e concordância verbal.

Com base nessas descrições, podemos perceber diferentes posturas assumidas pelo professor no trato com os pronomes. Vamos agora discutir cada uma delas.

Estudo dos pronomes para o entendimento de aspectos textuais e discursivos

Na primeira parte da aula descrita, os pronomes pessoais *você* e *eu*, na música "Apesar de você", e *ele* na música "Maninha" foram vistos como elementos estruturadores da coesão referencial nas canções de Chico Buarque. Ou seja, estudou-se o pronome a serviço da construção e compreensão do(s) sentido(s) do texto. Diferentemente do que ocorreria numa perspectiva mais tradicional, a língua foi entendida como prática discursiva, dialógica, sócio-histórica; e o texto, tomado como objeto de ensino e visto como evento comunicativo e lugar de interação. Essa foi, portanto, uma atividade relevante, funcional e contextualizada. *Relevante* porque serviu para compreender os usos sociais da linguagem; *funcional* porque esse conhecimento se materializou dentro de um processo de interlocução; e *contextualizada* porque partiu do uso, do texto, da interação verbal.

Mais do que simplesmente conceituar, reconhecer e classificar, buscou-se, nessas atividades, ampliar as formas de interação por meio da língua, explorar as possíveis maneiras de expressão e compreensão/construção do sentido, levando-se em consideração o processo histórico e pragmático da produção da linguagem. Em outras palavras, relacionando o uso dos pronomes aos contextos linguísticos e extralinguísticos de produção do discurso, o professor Quintana reforçou que "a inclusão natural da gramática significa a sua inevitável e funcional aplicação, sempre que nos dispomos a dizer qualquer coisa. [...] Se o texto se faz com palavras, seu sentido, sua função não resultam, simplesmente, dessas palavras" (ANTUNES, 2003, p. 119).

Quanto à abordagem dos recursos coesivos do texto – os pronomes como meio de referenciação –, Marcuschi (2008) nos explica que a referência pronominal é um elemento central na organização do texto, e a referenciação pronominal exófora[8] comprova a reciprocidade da interação entre o uso da linguagem e a situação desse uso de entidades situadas fora do texto, e não diretamente nele. E afirma: "a exófora depende do contexto. Geralmente é determinada pelos pronomes de 1ª e 2ª pessoas. E por possessivos que correspondem a essas pessoas" (p. 111).

Desse modo, ao privilegiar um estudo que partiu das condições de produção do enunciado, da intenção comunicativa, dos efeitos de sentido pensados e alcançados no texto e dos fatos linguísticos que auxiliaram nesse processo de produção de sentido, em vez de apenas identificar os pronomes presentes nas músicas e classificá-los, o professor reconheceu, sobretudo, a relevância de todo esse conhecimento linguístico-textual e discursivo e ajudou seus alunos a entenderem que: (1) a compreensão de qualquer mensagem depende de sua inclusão no contexto linguístico e extralinguístico; e (2) a categoria gramatical *pronome* pode assumir o papel de elemento dêitico e de elemento da coesão referencial, aparecendo como facilitador da compreensão e da produção de sentido, a fim de que se apreenda, efetiva e criticamente, a ideia global do texto.

A respeito do ensino de gramática nessa perspectiva, Antunes (2007, p. 49-50) defende que

> [...] não se pode deixar de saber que recursos de coesão empregar para garantir a continuidade do texto. Nem todo texto requer o mesmo número ou os mesmos tipos de nexos coesivos. [...] Explorar tais possibilidades seria produtivo, pois proporcionaria ao aluno a oportunidade de ele perceber como existem diferentes recursos disponíveis para se conseguir os mesmos efeitos discursivos e, dessa forma, se estaria contribuindo para que a língua fosse vista como uma coisa maleável, versátil, sujeita a *efeitos especiais,* por vontade do falante. [...] Em suma, a exploração, para além das nomenclaturas e das

---

[8] O próprio autor esclarece que esse fenômeno referencial diz respeito a elementos que são "externos ao texto" e são recuperáveis diretamente na situação (oralidade) ou por aspectos cognitivos, conhecimentos partilhados, entre outros, mas não pela via de expressões correferentes "dentro do texto" (MARCUSCHI, 2008, p. 110).

classificações gramaticais, é de grande enriquecimento para o desenvolvimento de habilidades discursivas.

Como já adiantamos, além de abordar os pronomes numa perspectiva discursiva e textual, o professor Quintana também lançou mão de meios para construir com os alunos conhecimentos normativos da gramática da língua. É o que veremos no próximo item.

Estudo dos pronomes para o entendimento da estrutura gramatical

Após ter explorado como os pronomes contribuem para a construção de sentido do texto numa perspectiva discursiva e textual, o professor passou a olhar o objeto "pronome" também como elemento da estrutura gramatical. Sendo a gramática entendida como um conjunto de regras que precisam ser seguidas, o estudo da referida classe gramatical se voltou para a normatividade, ou seja, o emprego dos pronomes de acordo com a norma padrão em contextos de uso formal e informal da língua.

O texto saiu de cena e o seu lugar foi preenchido por exercícios extraídos do capítulo 12 – "Os pronomes" – da *Gramática reflexiva,* de Magalhães e Cereja. O princípio da análise de caracterização e do emprego dessa categoria, no material didático, era "reflexivo", tentando vincular esse emprego a diferentes contextos, em outras palavras, em vez, simplesmente, de identificar e classificar os pronomes, os autores da *Gramática* buscaram percebê-los quanto ao uso/emprego em situações formais e informais. Porém, essa reflexão acabou sendo coadjuvante, porque o que predominou foi o estudo da normatividade segundo a gramática normativa tradicional.

Não negamos a importância do estudo da normatividade, visto que é dever da escola, a nosso ver, ensinar a variedade padrão. Mas é preciso cuidado para que esse trabalho não se torne incipiente, restringindo-se ao nível das frases descontextualizadas e tomadas como objeto de análise. Porém, entendemos, ao analisar as cinco questões propostas nos exercícios do livro didático e realizadas pelo professor,[9] que a

---

[9] As análises realizadas não foram detalhadas a fim de evitar que o capítulo se estendesse demasiadamente.

interação estabelecida a partir das discussões que os exercícios do livro suscitaram e das colocações do professor, o qual não se limitou à proposta da atividade, foi relevante para a construção de determinados conhecimentos, tais como:

1. a importância da uniformidade de tratamento segundo a normatividade;
2. a concordância verbal com os pronomes de tratamento;
3. o emprego dos pronomes – uso da próclise e da ênclise e de alguns pronomes pessoais, como é o caso de *eu, me* ou *mim*;
4. o conhecimento de algumas formas que os pronomes pessoais do caso oblíquo – lo, la, los, las – podem assumir diante de alguns verbos;
5. a função sintática exercida pelos pronomes pessoais do caso reto (são sujeitos) e do caso oblíquo (são objetos), e seu emprego segundo a normatividade.

Com essas apreciações, percebemos que a gramática adotada pelo professor na realização dessa atividade foi a de um conjunto de regras que regulam o uso da norma padrão, pois a atividade se voltou o tempo todo para *regras prescritivas de uso*. Acreditamos que é relevante tomar a gramática também como um conjunto de regras que especificam o funcionamento da língua, pois isso dá espaço para orientações sobre *como usar* as unidades da língua e *como combiná-las* para que se produzam determinados efeitos de sentido em contextos de interação. Para Antunes (2003, p. 86), "são regras, por exemplo: a descrição de como empregar os pronomes; de como usar as flexões verbais para indicar diferença de tempo e modo; de como estabelecer relações semânticas entre partes do texto".

Provavelmente, nessas aulas dedicadas ao ensino na estrutura gramatical, os alunos conseguiram desenvolver a habilidade de *identificar, classificar, flexionar e analisar morfossintaticamente os pronomes*, conforme os objetivos estabelecidos para os conteúdos gramaticais do programa disciplinar da escola. Deduzimos, diante disso, que os exercícios foram trazidos com a finalidade de facilitar, ou seja, funcionar como instrumento de interação para a construção e reflexão de um novo conteúdo de aula: o emprego e o uso dos pronomes pessoais segundo a perspectiva da norma padrão, dos níveis de variação da língua (informalidade e formalidade) e das relações entre as palavras na oração (função sintática). Não serviu para treinamento, consolidação de conhecimento ou até mesmo como instrumento de avaliação.

Outro aspecto que julgamos relevante foi que a discussão e o estudo evidenciados a partir dessa atividade não se limitaram às questões sugeridas pelo material didático. Professor e alunos pareciam preocupados, sobretudo, em perceber os efeitos de sentido gerados por cada emprego e escolha bem como a adequação desses empregos de acordo com os contextos e com as modalidades de uso da língua (fala e escrita).

Nesses termos, trazemos à tona o que Ilari (1986, p. 224) coloca a respeito do estudo dos fenômenos linguísticos: "[...] a própria gramática tradicional pode ser um instrumento legítimo de vivência da língua se for tomada não como um ponto de parada na qual a reflexão sobre a linguagem se torna lugar comum, mas como ponto de partida no qual a reflexão sobre a língua começa".

Poderíamos resumir as análises aqui realizadas dizendo que, quando o texto foi tomado como objeto de ensino, ocorreu um trabalho mais adequado para se perceber a aplicabilidade, a funcionalidade e as relações próprias dos pronomes na construção dos sentidos e na compreensão dos textos. Essa abordagem materializou a concepção de que estudar a língua é perceber os compromissos criados por meio dos atos de fala e as condições que precisam ser preenchidas pelo falante para falar da forma que fala numa determinada situação de interação (GERALDI, 2000). Foi importante também para que os alunos apreendessem que, como destaca Antunes (2000), a gramática não existe em função de si mesma, mas em função do que as pessoas dizem e interpretam em situações de interação social. Ainda de acordo com essa autora (p. 121):

> [...] o estudo do texto, da sua sequência e da sua organização sintático-semântica conduzirá forçosamente o professor a explorar categoriais gramaticais, conforme cada texto em análise, sem perder de vista, no entanto, que não é a categoria em si que vale, mas a função que ela desempenha para os

sentidos do texto. Ou seja, mesmo quando se está fazendo a análise linguística de categorias gramaticais, o objeto de estudo é o texto.

Considerações finais

As reflexões aqui expostas fizeram-nos perceber que a uma prática pedagógica direcionada ao ensino da língua está simultaneamente atrelada uma concepção de língua. Nesse sentido, a língua concebida como instrumento de interação, como mecanismo a serviço da comunicação, volta-se para tomar o texto como objeto de estudo, por entender que não nos comunicamos se não for por meio de textos. Dessa forma, cabe-nos, então, lançar mão do texto como unidade de ensino e, a partir dele, explorar os elementos que, presentes, de modo explícito ou implícito, corroboram para a compreensão e a construção do sentido. Isso implica dizer que, ao estudarmos a teorização gramatical, devemos, simultaneamente, promover um espaço para a reflexão, de modo que os elementos dessa teorização devam ser apreendidos a tal ponto que possam ser utilizados adequadamente numa situação de interação, semelhante ao que aqui visualizamos, nas aulas ministradas pelo professor Quintana.

No entanto, temos consciência de que as discussões aqui feitas remetem a um ensino de língua vivenciado não apenas por um professor de português disposto a ressignificar sua prática pedagógica diante dos fenômenos da língua e do papel deste ensino em um determinado contexto social, mas também remetem, efetivamente, a vários fatores que subjazem a essa prática, os quais vão desde o investimento na formação do professor até a melhoria nas condições de seu trabalho.

Referências

ANTUNES, I. A análise de textos na sala de aula: elementos e implicações. In: MOURA, D. (Org.). *Língua e ensino*: dimensões heterogêneas. Maceió: EDUFAL, 2000. p. 13-20.

ANTUNES, I. *Aula de português*: encontro e interação. São Paulo: Parábola, 2003.

ANTUNES, I. *Muito além da gramática*: por um ensino de línguas sem pedras no caminho. São Paulo: Parábola, 2007.

BAGNO, M. A inevitável travessia: da prescrição gramatical à educação linguística. In: BAGNO, M. *et al. Língua materna*: letramento, variação e ensino. São Paulo: Parábola, 2002.

BATISTA, A. A. *Aula de português*: discursos e saberes escolares. São Paulo: Martins Fontes, 1997.

BRASIL. Ministério da Educação e do Desporto. *Parâmetros Curriculares Nacionais*: Língua Portuguesa: primeiro e segundo ciclos do ensino fundamental. Brasília: MEC, 1998.

BRITTO, L. P. L. *À sombra do caos*: ensino de língua x tradição gramatical. Campinas: ALB/Mercado de Letras, 1997.

DIAS, L. F. O estudo de classes de palavras: problemas e alternativas de abordagem. In: DIONÍSIO, A. P.; BEZERRA, M. A. *O livro didático de português*: múltiplos olhares. 3. ed. Rio de Janeiro: Lucerna, 2005. p. 113-125.

FRANCHI, C. Criatividade e gramática. *Trabalhos em Linguística Aplicada*, Campinas, n. 9, p. 5-46, 1987.

GERALDI, J. W. O ensino e as diferentes instâncias de uso da linguagem. In: GERALDI, J. W. *Linguagem e ensino*. Campinas: ALB/Mercado de Letras, 1996. p. 27-47.

GERALDI, J. W. *Portos de passagem*. 4. ed. São Paulo: Martins Fontes, 1997.

GERALDI, J. W. Unidades básicas no ensino de português. In: GERALDI, J. W. (Org.). *O texto na sala de aula*. 3. ed. São Paulo: Ática, 2000. p. 59-79.

ILARI, R. *A linguística e o ensino de língua portuguesa*. São Paulo: Martins Fontes, 1986.

ILARI, Rodolfo. *Introdução à Semântica: brincando com a gramática*.3.ed. São Paulo: Contexto, 2002.

MAGALHÃES, T. C.; CEREJA, W. R. *Gramática reflexiva*: texto, semântica e interação. 3. ed. São Paulo: Atual, 2009.

MARCUSCHI, L. A. *Produção textual, análise de gêneros e compreensão*. São Paulo: Parábola, 2008.

MATTOS E SILVA, R. V. Que gramática ensinar, quando e por quê? *Revista Internacional de língua portuguesa / O FOCO*, Rio de Janeiro, Associação das Universidades de Língua Portuguesa, n. 4, p. 11-19, 1991.

MENDONÇA, M. Pontuação e sentido: em busca de parceria. In: DIONÍSIO, A. P.; BEZERRA, M. A. *O livro didático de português*: múltiplos olhares. 3. ed. Rio de Janeiro: Lucerna, 2005. p. 113-125.

MENDONÇA, M. Análise linguística no ensino médio: um novo olhar, um outro objeto. In: BUZEN, C.; MENDONÇA, M. (Org.). *Português no ensino médio e formação do professor*. São Paulo: Parábola, 2006. p. 199-226.

MORAIS, A. G. Análise linguística na sala de aula das séries iniciais: como os professores estão desenvolvendo o ensino que ajudaria os aprendizes a se apropriar da norma de prestígio? In: ENCONTRO DE PESQUISA EDUCACIONAL DO NORTE E NORDESTE, 15., São Luís. *Anais...* São Luís, 2001. (CD-ROM)

POSSENTI, S. *Por que (não) ensinar gramática na escola*. Campinas: ALB/ Mercado de Letras, 1997.

SUASSUNA, L. *Ensino de língua portuguesa*: uma abordagem pragmática. Campinas: Papirus, 1995.

TRAVAGLIA, L. C. *Gramática e interação*: uma proposta para o ensino de gramática no 1º e 2º graus. São Paulo: Cortez, 2001.

Capítulo 7

A aprendizagem e o ensino da pontuação

Alexsandro Silva

Desde meados da década de 1980, os discursos sobre o ensino de língua materna têm denunciado a manutenção de um ensino transmissivo da gramática, que se restringia à identificação e à classificação de formas linguísticas e ao estudo dedutivo (conceito ou regra, exemplo e exercício) da "norma padrão". Tais críticas também visavam a questionar o espaço da tradição gramatical nas aulas de português, que, muitas vezes, resumiam-se quase exclusivamente a aulas de gramática (BATISTA, 1997).

Em contraposição ao ensino tradicional da gramática, Geraldi (1984) propôs, a partir da concepção de linguagem como forma de interação social, uma reorientação do ensino de língua portuguesa, com base na articulação das práticas de leitura, produção de textos e análise linguística. Segundo o autor, o uso dessa expressão ("análise linguística") "não se deve ao mero gosto por novas terminologias", pois ela inclui "tanto o trabalho sobre questões tradicionais da gramática quanto questões mais amplas a propósito do texto" (p. 74).

Nessa nova perspectiva, sugere-se, então, que a reflexão sobre a língua não se atenha apenas ao nível da palavra e da frase, mas incida também sobre o texto e o discurso. Segundo Mendonça (2006, p.

205), a "prática de análise linguística" está voltada para "uma nova perspectiva de reflexão sobre o sistema linguístico e sobre os usos da língua, com vistas ao tratamento escolar de fenômenos gramaticais, textuais e discursivos".

Entre os diversos conteúdos a serem abordados no eixo didático "prática de análise linguística", destacaremos, neste capítulo, a pontuação, que constitui um recurso linguístico de conexão/segmentação dos textos escritos diretamente associado à produção de sentido. Considerando, portanto, a relevância do tema, discutiremos, inicialmente, aspectos relativos à própria pontuação, para, em seguida, dedicarmo-nos à reflexão sobre o ensino e a aprendizagem desse objeto de conhecimento.

Pontuação: algumas considerações iniciais

Em uma perspectiva histórica, a invenção da pontuação constituiu um processo lento e parcelado. Os sinais de pontuação foram sendo incorporados gradativamente ao sistema de escrita e não existiram durante séculos nos textos escritos, assim como as marcas de segmentação (ROCHA, 1997).

Na Antiguidade, as marcas de pontuação estavam ligadas, de modo geral, às pausas respiratórias da fala. Conforme destacaram Ferreiro (1996) e Rocha (1997), naquele momento histórico a atribuição da pontuação ao texto era uma tarefa do leitor/orador, e não do autor ou do escriba do texto.[1] Segundo Rocha (1997), foi na Idade Média que a pontuação de fato se disseminou e que as duas orientações principais para o seu uso se encontraram difundidas: a lógico-gramatical e a do ritmo respiratório.

Rocha (1997) também destaca que, na verdade, o grande marco decisivo na história da pontuação foi o surgimento e estabelecimento da imprensa, na mudança do século XV para o XVI. Segundo a autora, foi a partir de então que a pontuação de fato se generalizou e se difundiu

---

[1] Raramente, o autor se encarregava da tarefa de escrever seus próprios textos. O mais comum era ditá-lo a um escriba, que assumia a função de registrá-lo (cf. ROCHA, 1997).

como sistema de uso obrigatório na escrita, tendo em vista que, com a expansão dos leitores, decorrente da produção de livros em larga escala, disseminou-se uma nova prática de leitura – a leitura silenciosa[2] – que incorporou ao texto um recurso gráfico para a leitura "visual".

Embora tenham surgido com a função de "indicar pausas para respirar" durante a oralização dos textos, os sinais de pontuação não podem mais ser concebidos, nos dias atuais, como sinalizadores de "pausas respiratórias", pois constituem, ao contrário, marcas de organização textual, traços de operações de *conexão* e, sobretudo, de *segmentação* do texto escrito (SCHNEUWLY, 1998).

Rocha (1998) observa que existem muitos erros ligados à pressuposição da existência de uma relação simétrica entre a prosódia da fala e a pontuação da escrita. Segundo ela, nesse modo de percepção, transfere-se para a escrita, sem alterações, padrões próprios da oralidade, o que seria muito comum em escritores inexperientes. Em suma, a autora defende a tese de que nem sempre a prosódia da fala corresponde às prescrições gramaticais.

Chacon (1997) também destaca, a partir da análise da percepção de alguns estudiosos acerca das relações entre pontuação e ritmo, que a pontuação marcaria o "ritmo da escrita", e não apenas o ritmo da linguagem em geral, circunscrito, em certas concepções tradicionais, ao ritmo da língua oral.

Por outro lado, é também necessário considerarmos a relativa liberdade existente no uso da pontuação, tendo em vista que, na maior parte das vezes, sempre existe mais de uma possibilidade de pontuar, sendo a escolha por uma ou outra marca determinada, entre outros fatores, pelas preferências autorais (FERREIRO, 1996; ROCHA, 1998; PIZANI; PIMENTEL; ZUNINO, 1998).

Embora a pontuação não possa, de fato, ser interpretada simplesmente em termos de "certo" ou "errado", é importante não esquecermos que existem algumas regras que não autorizam uma liberdade total no uso dos sinais de pontuação. No entanto, sabemos que determinados

---

[2] Segundo Bajard (1994), antes o ato de ler se confundia com o ato de recitar o texto em voz alta, isto é, correspondia a "devolver a voz ao texto".

gêneros textuais, como os anúncios publicitários, por exemplo, "permitem" a não obediência a determinadas regras gramaticais (ROCHA, 1998), o que seria pouco provável em um artigo científico, por exemplo. Do que dissemos agora, pode-se depreender que a pontuação está diretamente relacionada aos gêneros textuais[3] nos quais ela aparece. Assim, os diferentes gêneros textuais apresentam usos característicos da pontuação, o que requer do escritor versatilidade na forma de pontuar, conforme observaram Rocha (1998) e Leal e Guimarães (2002). Em alguns gêneros, como as notícias e as reportagens, predominam pontos, vírgulas e dois pontos. Já nos contos, sinais como ponto de interrogação, ponto de exclamação, dois-pontos, travessão e reticências tendem a aparecer com maior frequência. Em outros gêneros, como em alguns poemas, a pontuação pode ser, até mesmo, desnecessária.

No próximo tópico, discutiremos como os aprendizes se apropriam dos sinais de pontuação, apresentando alguns dados de uma pesquisa que desenvolvemos com estudantes do 5º ano do ensino fundamental de uma escola da rede pública municipal de ensino do Recife – PE.

A apropriação da pontuação pelos aprendizes

A apropriação da pontuação é posterior à aprendizagem do sistema de escrita alfabética (FERREIRO; TEBEROSKY, 1985; FERREIRO, 1996). No entanto, a compreensão da natureza desse sistema não é condição suficiente para que as crianças incorporem marcas de pontuação em seus textos. É comum encontrarmos alunos já com alguns anos de escolarização, mas que não usam qualquer sinal de pontuação em seus textos ou o fazem de maneira muito escassa.

Segundo Ferreiro (1996, p. 151), as marcas de pontuação "são, durante um certo tempo, observadas sem chegar a ser observáveis, por falta de um esquema interpretativo que as converta em observáveis". Em certa ocasião, presenciamos uma situação bastante ilustrativa em relação à não observância dos sinais de pontuação por parte de um

---

[3] Os gêneros de texto estão sendo entendidos aqui como tipos relativamente estáveis de enunciados que encontramos na sociedade e que apresentam conteúdo temático, construção composicional e estilo (BAKHTIN, 1992).

adulto com poucos anos de escolarização, que, à época, era aluno de uma turma de Educação de Jovens e Adultos.

Na situação acima indicada, os alunos estavam lendo um texto sobre Mané Garrincha, famoso jogador de futebol brasileiro, quando, de repente, um dos estudantes disse que a irmã do jogador se chamava "Rosa Garrincha". Quando questionado sobre onde havia lido essa informação, ele apontou o seguinte trecho: "Garrincha ganhou esse apelido de sua irmã Rosa. Garrincha é como chamam, no Nordeste, o pequeno pássaro cambaxirra, de cor marrom...". Percebendo o engano, outro aluno disse que não podia ser "Rosa Garrincha", porque tinha um ponto. Quando o equívoco foi esclarecido, o estudante disse: "o ponto era tão pequenininho que eu nem vi".

Conforme evidências de estudos relativos à apropriação da pontuação pela criança, como os de Rocha (1996) e Ferreiro (1996), a pontuação externa (maiúscula inicial e o ponto final) tende a surgir antes da pontuação interna, isto é, os limites mais externos do texto tendem a ser marcados antes de haver algum sinal de pontuação no interior dos textos. Segundo Ferreiro (1996, p. 129), "a pontuação parece deslizar de maneira lenta e difícil para o interior do texto". Quando usa a pontuação no interior do texto, a criança tenderia a concentrá-la nos trechos em discurso direto ou em suas imediações.

A fim de ilustrar como escritores iniciantes se apropriam das marcas de pontuação, apresentaremos alguns dados de uma pesquisa que realizamos com estudantes do 5º ano do ensino fundamental de uma escola da rede pública municipal de ensino do Recife – PE (Silva, 2010). O objetivo geral do estudo era analisar a apropriação da pontuação por alunos dos anos iniciais do ensino fundamental na produção de gêneros textuais diferentes. Os dados foram coletados por meio de três atividades de produção de textos, nas quais os alunos foram solicitados a escrever uma carta de reclamação, uma fábula e uma notícia.

Os resultados desse estudo evidenciaram que todos os sinais de pontuação atualmente disponíveis apareceram nos textos dos alunos, com exceção dos *parênteses* e do *ponto e vírgula*. Constatou-se, ainda, que o *ponto* e a *vírgula* foram usados em todos os gêneros textuais em quantidades muito superiores às dos outros sinais, tendo o *ponto* sido usado por praticamente todos os alunos, nos três gêneros. Segundo

Rocha (1994, p. 170-171), "muitas crianças que já sentem a necessidade de pontuar, mas ainda não sabem bem como fazê-lo, recorrem ao ponto ou à vírgula".

Quando analisamos as *cartas de reclamação*, observamos que os alunos utilizaram *ponto, vírgula, ponto de interrogação, ponto de exclamação, dois pontos, travessão* e *aspas*, sendo o ponto o sinal mais empregado, seguido das vírgulas. Observamos também que alguns dos alunos usavam vírgula ou ponto para separar a "indicação do objeto alvo de reclamação" da "justificativa para convencimento de que o objeto merece ser alvo de reclamação" e/ou a "indicação de sugestões de providências a serem tomadas" da "justificativa para convencimento de que a sugestão é adequada". Eis alguns exemplos:

> *Deretora Eu vou Reclamar do ban-*
> *heiro,* *Porque fica o banheiro todo*
> *molhado. O chão dodo molhado,*
> *ficar cheios de microoganímos,*
> *baquictíraso. ...*

> *Nós queremos que ageitem o banheiro*
> *das Meninas, porque nós podemos pegar*
> *algum jermes. pela quela água que derrama*
> *no chão da pia do banheiro onde nós*
> *lava as Mãos ...*

Os outros sinais de pontuação que apareceram nas cartas de reclamação (ponto de interrogação, ponto de exclamação, dois-pontos, travessão) tiveram poucas ocorrências, se comparados ao ponto e à vírgula. Quando analisamos esse resultado, interpretamos que isso se deve às características do gênero *carta de reclamação*, no qual predominam, de fato, pontos e vírgulas.

Quando analisamos os *pontos de interrogação* e *de exclamação* usados pelos alunos, percebemos que tais sinais se relacionam, de algum modo, às características do gênero, uma vez que não transgridem o seu objetivo, que é o de não apenas expor o objeto de reclamação, mas, principalmente, o de justificar sua pertinência, de modo que a reclamação seja atendida o mais rapidamente possível (SILVA, 2008). Nesse sentido, consideramos que os pontos de interrogação e de exclamação cumprem as finalidades de interpelar o interlocutor e de indicar que a entonação do período era enfática, intensa. Eis alguns exemplos:

> *[...] Sim! e o buraco do banheiro que*
> *é cheio de abelhas e maribundos que atacam agente. ...*
>
> *[...] Por favor será que a senhora poderia ageitar o*
> *banheiro das meninas? ...*

No caso das *fábulas*, observamos que os alunos empregaram *ponto, vírgula, ponto de interrogação, de exclamação, dois-pontos, travessão, aspas* e *reticências*. Assim como ocorreu nas cartas de reclamação, os sinais mais frequentes foram as *vírgulas* e os *pontos*. No entanto, outros sinais (*dois-pontos, travessão, ponto de exclamação* e *ponto de interrogação*) também foram usados de forma significativa.

Compreendemos que a presença significativa de dois-pontos e de travessão está associada à notação do discurso direto, uma vez que nas fábulas é comum encontrarmos trechos em discurso direto, que reproduzem as falas das personagens. É isso o que podemos observar em alguns trechos de uma das fábulas escritas por um dos alunos:

> *A Lerbe estava andando e foi quando, Ele vio,*
> *a Tartaruga, e ficou chingando, a tartaruga, e a Lerbe,*
> *disse:*
> *– Você Tartaruga, é muito Devagar, sua alejadinha:*
> *E a tartaruga emtao falou:*
> *– Se eu sou alejada, emtao Vamos, apostar, uma corrida.*
> *E a lerbe, disse.*
> *– Nem é melhor, Você tenta, Você é muito, devaga, até*
> *para, correr.*
> *[...] E a turtaruga disse:*
> *– Vai ou não.*
> *E a Lerbe disse:*
> *– Vamos. Lar. ...*

De modo geral, percebemos que o verbo "disse" (verbo *dicendi* ou de elocução) funcionava como uma pista para o emprego dos dois pontos nos diálogos, conforme também constatado por Rocha (1994). Observamos que, mesmo nos casos em que os alunos empregavam sinais não convencionais (como ponto de interrogação e de exclamação), o "disse" funcionava como elemento sinalizador da separação entre as sequências discursivas do texto: narrativa e diálogos.

Além dos dois-pontos e dos travessões, é comum também encontrarmos, nos diálogos, sinais que têm funções expressivas mais delimitadas, como o *ponto de interrogação* e o *ponto de exclam*ação. Embora as *reticências* tenham aparecido apenas uma vez, é importante registrar que esse sinal foi empregado em trecho dialogal. Eis alguns exemplos:

> *[...] – Por que você zomba de mim?*
> *[...] – oi tartaruga demente já está cansada*
> *e por que está tão suada?*
>
> *[...] a tartaruga ganhou e eles festejaram dizendo*
> *viva! a tartaruga venceu! viva!*
>
> *[...] e sino batel tim, tim, tim...*

Ao analisarmos as *notícias*, constatamos que os alunos usaram apenas *pontos, vírgulas* e *dois-pontos*, tendo predominado os dois primeiros sinais. Tais resultados relacionavam-se às características do gênero, pois, nas notícias, o escritor usa predominantemente pontos e vírgulas, devido às suas propriedades sintáticas: preferência por frases curtas, ativas e afirmativas, com estrutura predominantemente constituída por sujeito-verbo-objeto. Além disso, as aposições e, consequentemente, as vírgulas são bastante frequentes nesse gênero (TEBEROSKY, 1994; KAUFMAN; RODRIGUEZ, 1995).

É digno de nota o "respeito" à pontuação característica das notícias jornalísticas pelos alunos, uma vez que eles não usaram sinais que normalmente não aparecem (e que devem ser evitados, de acordo com manuais de redação de jornais) nas notícias, tais como os pontos de exclamação, de interrogação e as reticências.

Nas notícias, também apareceram alguns *dois-pontos*, que tinham, de modo geral, a função de "introduzir uma explicação ou uma enumeração", tal como acontece nos exemplos a seguir. Esses sinais tinham, nesse caso, uma função muito distinta daquela que exerciam nas fábulas (anunciar as falas das personagens), e mesmo nas cartas de reclamação (anunciar componentes do texto).

Noticia: A Baleia fica incalhada na ilha de Jaboatão dos guarara-pes.

[...] eles chamaram: o corpo de bonbeiros, o ibama ea secre taria do meio anbiente ...

Observamos, ainda, que alguns dos alunos usaram sinais de pontuação, principalmente o *ponto*, separando a informação central dos detalhes da notícia. Que conclusões podem ser tiradas com base nesse dado? Que os alunos pareciam ter noção de que a informação central, que aparecia no início da notícia, deveria ser separada, de algum modo, do restante do texto por meio de algum sinal de pontuação. Como exemplo, temos:

Uma baleia aparece morta, na Ilha do Amor, na praia de barra de jangada. três pescadores, estavam voltando da pesca, de cinco horas da manhã, e viram uma baleia de 12 metros ...

Os resultados do estudo que desenvolvemos com alunos dos anos iniciais do ensino fundamental evidenciaram que eles usaram, de modo geral, a pontuação de acordo com o gênero, contrariando a ideia de que, por serem "escritores iniciantes", usariam a pontuação de forma aleatória, desconsiderando os sinais característicos de cada gênero. Como evidência disso, destacamos a ausência de ponto de interrogação, ponto de exclamação e reticências nas notícias, assim como a presença significativa de dois-pontos, travessão, ponto de interrogação e de exclamação nas fábulas, sobretudo nos diálogos ou em suas imediações.

No próximo tópico, dando continuidade à discussão, faremos algumas reflexões sobre o ensino de pontuação, apresentando e discutindo um relato de experiência e uma sequência de atividades proposta por um livro didático.

O ensino da pontuação a serviço da produção de sentidos: reflexões e alternativas didáticas

Tradicionalmente, o ensino da pontuação tem sido organizado por meio da exposição de regras, muitas vezes equivocadas, como aquelas que relacionam a pontuação diretamente às pausas da fala, seguida de exercícios nos quais os alunos são solicitados a pontuar frases isoladas. Nesse sentido, ainda é comum observarmos no cotidiano escolar tanto explicações como "a vírgula indica que devemos respirar para continuar a leitura", quanto a escassez de atividades ou sequências didáticas nas quais os sinais de pontuação são tomados como recursos linguísticos necessários à (re)construção do(s) sentido(s) do texto.

Segundo Ferreiro (1996, p. 125),

> O lugar natural da pontuação é o texto. Não é estranho que a escola, com sua tradicional visão aditiva da escrita, não saiba como introduzir a pontuação. [...] A frase descontextualizada recebe marcas de pontuação que lhes são estranhas: inicia com maiúscula e termina com ponto. Por quê? Porque esses sinais são sinais de reconhecimento dessas unidades intermediárias que servirão para fazer textos... Pseudotextos em que cada linha inicia com maiúscula e termina com um ponto. Textos que não são textos, mas frases justapostas.

Pizani, Pimentel e Zunino (1998), ao discutirem resultados de uma experiência pedagógica desenvolvida com três grupos de crianças (20 ao todo, com idades que oscilavam entre oito a doze anos), sugeriram algumas atividades que poderiam contribuir para que a criança começasse a tomar consciência da função dos sinais de pontuação, assumindo o ponto de vista do seu futuro leitor. Entre as atividades sugeridas, além das de produção e correção em grupo, encontram-se as seguintes: ler, em voz alta, os textos produzidos pelas crianças e apresentar ao autor as dúvidas que surgiram; apresentar às crianças textos que têm o seu sentido alterado quando a pontuação muda ou quando não têm pontuação; tentar entender um conto escrito por outra criança no qual não apareça nenhuma pontuação.

Segundo as autoras, foram as situações de escrita, particularmente aquelas nas quais os textos produzidos seriam lidos por outras pessoas, as que mais se apresentaram como propícias para refletir com os alunos sobre a pontuação e outros aspectos textuais. Segundo elas, isso aconteceu "devido ao grande esforço que as crianças faziam nestas situações para encontrar a forma de expressão mais adequada para que a sua mensagem fosse compreendida pelo leitor" (PIZANI; PIMENTEL; ZUNINO, 1998, p. 86).

Silva e Brandão (1999), ao realizarem um estudo de intervenção didática em uma turma de 4º ano do ensino fundamental (antiga 3ª série) de uma escola pública do Recife, observaram uma evolução significativa das crianças quanto ao emprego dos sinais de pontuação, na produção de textos. Conforme constatado pelas autoras, das 26 crianças submetidas a um pré-teste, 53,9% não empregavam qualquer sinal de pontuação em seus textos, diminuindo esse percentual para 19,2% após a intervenção. Tais dados indicaram, portanto, que as crianças passaram a pontuar com uma frequência maior seus textos, aumentando o percentual de emprego dos sinais de 46,2% para 80,8% no pós-teste.

Entre as atividades desenvolvidas na proposta didática desenvolvida pelas autoras, encontramos as seguintes situações, as quais envolviam um trabalho com os alunos em duplas: a) reconhecimento dos sinais de pontuação em textos (a fim de torná-los "observáveis" para os alunos); b) produção de sentenças iguais, mas com sinais de pontuação diferentes, seguida de leitura para o grupo tentar descobrir de que sinal se tratava, explorando as mudanças de sentido produzidas; c) produção de textos, seguida da leitura desses textos para os outros alunos, e revisão, considerando as intenções do autor do texto.

O relato apresentado a seguir, que analisamos em um trabalho anterior (MORAIS; SILVA, 2006, p. 141-143), registra situações de refacção/revisão de textos dos próprios alunos como um contexto privilegiado para promover a apropriação das marcas de pontuação. Tais situações foram vivenciadas no interior de uma sequência didática, desenvolvida pela professora Solange Alves de Oliveira, em uma turma de 5º ano do ensino fundamental de uma escola da rede municipal de ensino de Jaboatão dos Guararapes-PE:

Com o objetivo de avançar na formação de leitores e produtores autônomos de textos, iniciamos, em março de 2005, um trabalho de reescrita de fábulas com aquela turma. Optamos por esse gênero, de início, por serem textos geralmente de curta extensão, da ordem do narrar (com a qual os alunos estavam mais familiarizados) e por propiciarem um bom trabalho com pontuação, paragrafação, etc.

Através das atividades iniciadas em fevereiro do mesmo ano, percebemos o quanto as 26 crianças precisavam ser inseridas nesse universo da escrita dos diversos gêneros que circulam na sociedade. A partir desse dado, optamos por articular algumas situações em que o trabalho de produção de textos aparecesse junto com o ensino da análise linguística. Pretendíamos enfocar aspectos como a pontuação, a paragrafação, a ortografia e a concordância verbonominal, já que se constituíam numa evidente fonte de dificuldade dos alunos. Devo esclarecer que, nesse caso, a ortografia estava inserida nas atividades, mas não foi tomada como objeto principal de ensino e de avaliação, já que tínhamos outros momentos reservados para a reflexão sobre dificuldades ortográficas.

Priorizando mais a pontuação, propusemos, durante algumas semanas, um trabalho de reescrita de fábulas. Como se deu o processo de vivência dessa situação didática? Depois da leitura silenciosa, cada fábula era lida em voz alta por mim (professora). Era muito comum os alunos pedirem uma leitura pausada, a fim de apreenderem as ideias contidas no texto. Insistiam, também, na (re)leitura. A orientação prévia era de que precisavam "prestar atenção", já que a reescrita seria individual e o texto original não podia ser relido a partir do início da escrita por eles. Houve casos em que a leitura foi realizada cinco vezes.

Reconhecemos que a atividade era bastante desafiadora, visto que os alunos teriam que, além de resgatar as ideias da fábula, pensar na estruturação do texto em pauta, bem como prestar bastante atenção na pontuação. Após a leitura, eles partiam para o registro individual do texto. Essa etapa era realizada no caderno.

Desde o início, meus alunos sabiam que seus escritos seriam revisados por um colega da sala. Nessa etapa, o autor de cada texto era orientado a ler as observações elaboradas pelo colega, a fim de aceitá-las ou não. A etapa seguinte seria a "edição final", hora de passar a limpo, ilustrar e cuidar do formato do texto no papel. Para isso, o texto em reelaboração era relido, só que eu inseria um "recado" com as observações (chamava atenção para questões de coesão e estrutura que ainda precisassem melhorar, para a pontuação, a ortografia e outras).

Apesar de esse processo inicial ser custoso e árduo, os alunos passavam a limpo com o entusiasmo de fazerem um livro de "reescrita de fábulas" que seriam lidas pelos alunos de outras classes. O que seria apenas uma atividade na sala de aula, ultrapassou os limites para a escola.

Mas, voltemos à fase inicial. Antes da primeira reescrita no caderno, eu discutia com eles algumas características presentes no gênero fábula. Perguntava se tinha parágrafos ou não, o que o autor tinha feito para marcar a fala dos personagens, dentre outras questões. Ainda de posse dos textos, a turma refletia sobre questões como o uso de parágrafos só com maiúscula inicial nas passagens mais narrativas e a mudança para "parágrafos começados com travessão" nas passagens com diálogos, etc. Eu perguntava também o porquê de os personagens serem animais, se a turma estava de acordo com a "moral" da fábula, o que essa moral tinha a ver com as ações dos personagens da história lida.

Enquanto faziam a reescrita, eu passeava por entre as carteiras e, vez por outra, lançava para um ou outro aluno uma questão sobre seu escrito (por exemplo, sobre qual signo de pontuação tinha usado em certa frase).

Ao terminarem a reescrita individual, eu discutia novamente (através de alguns exemplos), a importância da pontuação para a compreensão do que estava escrito. Sem identificar o aluno-autor, eu geralmente tomava um texto, expunha no quadro, com o objetivo de utilizá-lo como ponto de partida para que todos, coletivamente, dessem opiniões e justificassem suas escolhas.

> Pude notar que certos alunos aproveitavam a situação para, por conta própria, começar a revisar-melhorar alguns aspectos de seus textos. Aproveitei para incentivá-los a fazer isso.

A análise do relato evidencia uma clara articulação entre as práticas de leitura, produção de textos escritos e análise linguística: os alunos leram e escutaram a leitura de fábulas, (re)escreveram e revisaram os textos que produziram, considerando, entre outros aspectos, a pontuação utilizada. Ressaltamos que a prática de análise linguística desenvolvida pela mestra aconteceu tanto durante a (re)escrita das fábulas quanto após concluída a primeira versão dos textos.

Enquanto os alunos produziam as primeiras reescritas, a docente circulava entre eles e, em algumas ocasiões, apresentava questões a um e a outro sobre o que tinham escrito. Durante a revisão coletiva de um dos textos, os alunos tiveram a oportunidade de dar a sua opinião e de justificar as suas escolhas, por exemplo, em relação aos sinais de pontuação usados (escolha dos sinais e local onde deveriam ser colocados). Depois, os alunos revisavam os textos (versões provisórias) dos colegas e, na etapa de edição final, a professora anotava recados nas reescritas (já revisadas) com observações referentes à pontuação, ortografia, coesão, estrutura do texto, entre outras.

Além de propor a revisão de textos dos próprios alunos como estratégia de ensino da pontuação, os professores também devem estimular os alunos a refletir sobre o uso dos sinais de pontuação em textos de "escritores experientes", analisando, por exemplo, os efeitos de sentido provocados pela pontuação utilizada. Uma sequência de atividades extraída de um livro didático (CARVALHO, 2001) ilustra o que estamos comentando:

VIAGEM AO INTERIOR

Veja que piada engraçada:

Rosinha morava na cidade e só havia ido ao sítio da Vó Maria quando era bem pequena. Nas férias, a família foi visitar a avó no campo.

— Que bom que vocês vieram!, exclama a avó superfeliz, finalmente vou poder mostrar a vocês minha premiada criação de aves.

A menina, que não convivia com aquele tipo de seres, ficou maravilhada, encantada e... pensativa (mas que galinhas mais esquisitas!). De repente, passeando pelos arredores do sítio, ela viu um pavão majestoso abrindo a cauda. Voltou "voando" para casa e, toda alegre, avisou:

— Vovó, vovó, uma de suas galinhas está "dando flor"!!!

E então, gostou da piada?!

1 Releia e copie o 2º parágrafo em seu caderno. Com uma cor sublinhe a fala da personagem e com outra a fala do narrador. Observe e responda:
  a Qual é a função da vírgula nesse parágrafo?
  b Que pontuação poderia ter sido utilizada, com a mesma função da vírgula, nesse trecho?

2 Observe as expressões entre aspas:
  ❶ Voltou "voando" para casa.
  ❷ Uma de suas galinhas está "dando flor".

Responda em seu caderno:
  a A presença das aspas em "voando" acrescenta um novo sentido à palavra. Qual é ele?
  b Escreva em seu caderno o que a menina quis dizer com a expressão **2**.
  c Escreva qual a função das aspas na expressão "dando flor".

A menina, que não convivia com aquele tipo de seres, ficou maravilhada, encantada e... pensativa (mas que galinhas mais esquisitas!).

a Escreva em seu caderno por que o autor usou os parênteses nesse trecho.
b Nesse mesmo trecho o autor usou reticências (...) depois do **e**. Imagine que ele tivesse escrito assim:

A menina, que não convivia com aquele tipo de seres, ficou maravilhada encantada e pensativa (mas que galinhas mais esquisitas!).

• O trecho causaria a mesma sensação ao leitor sem as reticências? Escreva a resposta no caderno.
c Escreva qual é a diferença (se houver) entre as sensações causadas pelo uso ou não das reticências nesse trecho.

E você, já viu um pavão "ao vivo" ou, como a personagem da piada, nunca se encontrou com "esse tipo de seres"?

Saberia dizer se o pavão da piada é macho ou fêmea? Pense rápido!

Você sabia...

... que apenas o pavão macho possui a cauda com plumas grandes e coloridas? A fêmea quase nem tem cauda, apenas um "rabinhozinho" e da mesma cor do restante do corpo.

pavão macho

O macho, quando quer atrair e cortejar a fêmea para o acasalamento, abre sua plumagem num grande leque.

pavão fêmea

61

No início da sequência de atividades, após a leitura de uma piada, os alunos são solicitados a analisarem a função das vírgulas em um dos trechos do texto (– *Que bom que vocês vieram!, exclama a avó superfeliz, finalmente vou poder mostrar a vocês minha premiada criação de aves.*), que é a de separar a fala do narrador da fala da personagem. Depois, pede-se que eles descubram que outro sinal de pontuação poderia ter sido usado com essa mesma função, no lugar das vírgulas: o travessão.

No item seguinte da sequência de atividades, os alunos são solicitados a analisarem o uso das aspas para indicar que o sentido da palavra ou expressão não é o comumente atribuído a elas (*Voltou "voando" para casa* e *Uma de suas galinhas está "dando flor"*). Já no último item, eles são orientados a refletir sobre o uso dos parênteses para delimitar um pensamento da personagem – *A menina, que não convivia com aquele tipo de seres, ficou maravilhada, encantada e... pensativa (mas que galinhas esquisitas!)* – e sobre o efeito de sentido provocado no leitor por meio da utilização de reticências, que é o de suspensão do que se estava dizendo, na tentativa de melhor caracterizar como a menina se sentia.

Um aspecto que também merece ser ressaltado é a necessidade de um trabalho de análise e reflexão sobre os usos dos sinais de pontuação em diferentes gêneros textuais. Como discutimos anteriormente, os sinais de pontuação não são unidades linguísticas abstratas, autônomas e independentes dos gêneros nos quais são usados. É verdade que o domínio de alguns usos da pontuação não está ligado a um gênero preciso, mas, via de regra, os diferentes gêneros escritos apresentam usos característicos da pontuação, os quais devem ser tomados como objeto de reflexão.

Pode-se solicitar dos alunos que observem, analisem e comparem a pontuação característica de alguns gêneros, como a notícia, na qual aparecem sinais como ponto, vírgula, dois-pontos, parênteses e aspas; e o conto, no qual são usados não só vírgulas e pontos, mas também dois-pontos, travessão, além dos pontos de interrogação e de exclamação. Os alunos poderiam ser levados ainda a refletir sobre a função que um mesmo sinal de pontuação apresenta em gêneros diferentes.

Nas notícias, por exemplo, as aspas têm muitas vezes a função de delimitar trechos em discurso direto (reprodução de depoimentos). É interessante observar que isso geralmente não ocorre nas fábulas, nas quais os diálogos são marcados por dois pontos e travessão.

Em suma, os sinais de pontuação precisam ser tratados de forma associada aos gêneros escritos nos quais eles aparecem, uma vez que os diversos gêneros que circulam na sociedade apresentam características distintas, sejam elas linguísticas, textuais ou discursivas, que influenciam tanto a escolha como o uso dos sinais de pontuação.

Palavras finais

Neste capítulo, tivemos a intenção de contribuir para a reflexão sobre um conteúdo específico do eixo didático "análise linguística" – a pontuação –, a qual precisa ser tratada sistematicamente desde os anos iniciais do ensino fundamental, tendo em vista a sua relevância para (re)construção dos sentidos dos textos.

Considerando que a apropriação da pontuação está relacionada não apenas às experiências de letramento, ocorridas nas práticas sociais de leitura e escrita, mas também às condições e oportunidades oferecidas pela escola (CARDOSO, 2003), concebemos, portanto, que as práticas escolares de "análise linguística" devem contemplar momentos sistemáticos de análise e reflexão sobre os sinais de pontuação e os efeitos de sentidos provocados pelo seu uso nos diferentes gêneros que circulam nas distintas esferas sociais de uso da língua.

Referências

BAJARD, É. *Ler e dizer*: compreensão e comunicação do texto escrito. São Paulo: Cortez, 1994.

BAKHTIN, M. *Estética da criação verbal*. São Paulo: Martins Fontes, 1992.

BATISTA, A. A. G. *Aula de português*: discurso e saberes escolares. São Paulo: Martins Fontes, 1997.

CARDOSO, C. J. *A socioconstrução do texto escrito*: uma perspectiva longitudinal. Campinas: Mercado de Letras, 2003.

CARVALHO, C. S. C. T *et al. Construindo a escrita*: textos, gramática e ortografia. São Paulo: Ática, 2001.

CHACON, L. A pontuação e a demarcação de aspectos rítmicos da linguagem. *DELTA*, São Paulo, v. 13, n. 1, p. 1-16, 1997.

FERREIRO, E. Os limites do discurso: pontuação e organização textual. In: FERREIRO, E. *et al. Chapeuzinho Vermelho aprende a escrever*: estudos psicolinguísticos comparativos em três línguas. São Paulo: Ática, 1996. p. 123-150.

FERREIRO, E.; TEBEROSKY, A. *Psicogênese da língua escrita*. Porto Alegre: Artes Médicas, 1985.

GERALDI, J. W. *O texto na sala de aula*: leitura e produção. Cascavel: Assoeste, 1984.

KAUFMAN, A. M.; RODRIGUEZ, M. E. *Escola, leitura e produção de textos*. Porto Alegre: Artes Médicas, 1995.

LEAL, T. F.; GUIMARÃES, G. L. Por que é tão difícil ensinar a pontuar? *Revista Portuguesa de Educação*, Porto, v. 15, n. 1, p. 129-146, 2002.

MENDONÇA, M. R. S. Análise linguística no ensino médio: um novo olhar, um outro objeto. In: BUNZEN, M.; MENDONÇA, C. (Org.). *Português no ensino médio e formação do professor*. São Paulo: Parábola, 2006.

MORAIS, A. G.; SILVA, A. Produção de textos escritos e análise linguística na escola. In: LEAL, T. F.; BRANDÃO, A. C. P. *Produção de textos na escola*: reflexões e prática no ensino fundamental. Belo Horizonte: Autêntica, 2006.

PIZANI, A. P.; PIMENTEL, M. M.; ZUNINO, D. L. *Compreensão da leitura e expressão escrita*: a experiência pedagógica. 7. ed. Porto Alegre: Artes Médicas, 1998.

ROCHA, I. L. V. *Aquisição da pontuação na escrita infantil*: usos e saberes de crianças na escrita de narrativas. 1994. Tese (Doutorado em Linguística Aplicada) – Curso de Doutorado em Linguística Aplicada ao Ensino de Línguas, Pontifícia Universidade Católica de São Paulo, São Paulo, 1994.

ROCHA, I. L. V. Pontuação e formato gráfico do texto: aquisições paralelas. *DELTA*, São Paulo, v. 12, n. 1, p. 1-34, 1996.

ROCHA, I. L. V. O sistema de pontuação na escrita ocidental: uma retrospectiva. *DELTA*, São Paulo, v. 13, n. 1, p. 83-117, 1997.

ROCHA, I. L. V. Flutuações no modo de pontuar e estilos de pontuação. *DELTA*, São Paulo, v. 14, n. 1, p. 1-12, 1998.

SCHNEUWLY, B. *Le langage écrit chez l'enfant*: la production des textes informatifs et argumentatifs. Paris: Delachaux & Niestlé, 1998.

SILVA, A. A aprendizagem da pontuação por alunos dos anos iniciais do ensino fundamental: uma análise a partir da produção de diferentes gêneros textuais. *Cadernos de Educação*, UFPel, v. 35, p. 139-169, 2010.

SILVA, C. S.; BRANDÃO, A. C. P. Reflexões sobre o ensino e a aprendizagem de pontuação. In: MORAIS, A. G. (Org.). *O aprendizado da ortografia*. Belo Horizonte: Autêntica, 1999.

SILVA, L. N. A produção de cartas de reclamação: semelhanças entre texto de adultos e crianças. In: REUNIÃO ANUAL DA ANPED, 31., 2008, Caxambu. *Anais...* Caxambu: ANPEd, 2008.

TEBEROSKY, A. *Aprendendo a escrever*: perspectivas psicológicas e implicações educacionais. São Paulo: Ática, 1994.

Capítulo 8

Ensino da ortografia

Ana Cláudia Rodrigues Gonçalves Pessoa

Entendemos a ortografia como um objeto de conhecimento e, como tal, é importante levar os alunos a refletir sobre ela. Com base nessa perspectiva, o objetivo deste capítulo é discutir o ensino da ortografia nos anos iniciais do ensino fundamental, levando em consideração a forma como as informações sobre a norma ortográfica são processadas pelos alunos.

Após o domínio da notação alfabética, a criança precisa compreender que não existe uma relação direta entre letras e sons. Como saber, por exemplo, quando se deve escrever com um **n** ou um **m** para sinalizar nasalização após uma vogal?

Outra questão importante diz respeito ao nível do conhecimento do aprendiz sobre a ortografia da sua língua. Assim, por exemplo, podemos nos indagar: quando o aprendiz domina o conhecimento de determinada regra ortográfica? Quando ele não comete "erros"?

A forma como a ortografia é apresentada aos alunos depende, entre outras coisas, da concepção que o educador tem em relação à escrita. Ou seja, ele pode ter uma visão da escrita como um código e, nesse caso, o bom desempenho do aluno estaria dependente do processo de memorização; por outro lado, se a concebe como um sistema de representação, distinguirá o sistema alfabético da norma ortográfica e verá que, para escrever "como se deve", o aprendiz terá de compreender (e não só memorizar) muitas das propriedades da ortografia de sua língua, para poder segui-la.

Os alunos devem perceber, durante o processo de aprendizagem da escrita, que existe uma convenção (norma ortográfica) que limita as possibilidades, ao escrever. Essa descoberta deve ser facilitada pelo professor durante o ensino da ortografia, visto que o conhecimento ortográfico, por ter um caráter social, é algo que a criança não conseguiria descobrir sozinha.

É importante, então, que o professor compreenda os tipos de "erro" ortográfico apresentados por seus alunos e possa, a partir dessa compreensão, levar as crianças a refletir conscientemente sobre a norma.

A norma ortográfica da língua portuguesa: regularidades e irregularidades

Quando compreende a escrita alfabética e já consegue ler e escrever, a criança já apreendeu o sistema de funcionamento da escrita alfabética, mas ainda desconhece a norma ortográfica. Por essa razão, alguns "erros" ainda são detectados na produção escrita dos aprendizes (MORAIS, 1998).

A norma ortográfica da nossa língua apresenta casos de regularidades e de irregularidades na relação entre sons e letras. Em nossa língua, as correspondências regulares podem ser de três tipos: diretas, contextuais e morfológico-gramaticais. A apropriação dessas restrições se dá por meio da compreensão dos princípios gerativos da norma, isto é, das regras. As correspondências irregulares, por outro lado, não apresentam uma regra que ajude o aprendiz a selecionar a letra ou o dígrafo que deverá ser usado. Apenas um dicionário ou a memorização poderá ajudar, nesses casos (MORAIS, 1995; 1998).[1]

---

[1] Como indica esse autor, para analisar as regularidades e irregularidades das relações som-grafia numa língua, é necessário tomar como referência um dialeto. Em nosso caso, tomamos como modelo a idealização do que seria o dialeto de pessoas com escolaridade completa em Recife.

As relações *regulares diretas* são evidenciadas quando só existe na língua um grafema para notar determinado fonema. Por exemplo, o **p** representará sempre o fonema /p/ (**p**ato, ca**p**a, cha**p**éu, entre outras), independentemente da posição que apareça na palavra.

As correspondências *regulares contextuais* ocorrem quando a relação letra-som é determinada pela posição em que a letra aparece dentro da palavra. Por exemplo: o uso do **c** ou **qu** relaciona-se ao som /k/, dependendo da vogal com que forme sílaba (**c**asa, pe**qu**eno).

As correspondências *regulares morfológico-gramaticais* são compostas de regras que envolvem morfemas tanto ligados à formação de palavras por derivação lexical como por flexão (MORAIS, 1998), ou seja, nesses casos, são os aspectos gramaticais que determinam o grafema que será usado. No primeiro caso, por exemplo, tais regras estão presentes, sobretudo, em substantivos e adjetivos: o sufixo [eza] pode ser escrito com **s** ou com **z,** dependendo da classificação gramatical da palavra (portugu**es**a, pobr**ez**a). As correspondências som-grafia baseadas em regras morfológico-gramaticais estão presentes ainda nas flexões verbais. Por exemplo, empregamos **u** no final de verbos regulares na terceira pessoa do passado perfeito do indicativo (canto**u**).

Para exemplificar alguns casos de *irregularidade* na língua portuguesa, podemos citar aqueles que envolvem a notação dos fonemas /s/ (**s**eguro, **c**idade, au**x**ílio, ca**ss**ino, pi**sc**ina, cre**s**ça, for**ç**a, e**x**ceto), /z/ (**z**ebu, ca**s**a, e**x**ame), /š/ (en**x**ada, en**ch**ente), /ž/ (**g**irafa, **j**iló) e o emprego do grafema **h** inicial (**h**ora, **h**arpa).

Pesquisas têm demonstrado que o processo de reflexão ortográfica se dá de forma gradativa. O fato de uma criança dominar um tipo de regra não implica o domínio de regras semelhantes, pois parece existir uma complexidade distinta entre regras de um mesmo tipo, tornando algumas mais fáceis de serem apreendidas que outras (CURVELO; MEIRELES; CORREA, 1998; MELO, 2001; PESSOA, 2007).

Na verdade, o contato maior com a escrita parece facilitar a apropriação da norma, porém é importante ressaltar que, por ser uma convenção social, existe a necessidade de um ensino sistemático, para favorecer tal apreensão. Além disso, como mencionado anteriormente, não é possível afirmar que existe generalização de regras. Desse modo, é importante que o professor explore as diferentes regras com os alunos.

O ensino da ortografia

Com os avanços dos estudos linguísticos e com o advento do letramento, o trabalho com ortografia em sala de aula tem ficado cada vez mais raro. Para alguns, existe uma compreensão de que ter momentos dedicados ao ensino da ortografia pode significar um retorno a uma abordagem tradicional de ensino. A discussão mais relevante, entretanto, não deve ser acerca da presença ou ausência do ensino da ortografia, mas acerca de como a ortografia / a norma ortográfica deve ser ensinada.

Em primeiro lugar, é preciso compreender, como referido anteriormente, que a norma ortográfica é uma convenção social, e não existe uma obrigatoriedade na relação letra/som, ou seja, é uma relação arbitrária. Por essa razão, a criança não tem como descobrir essa relação sozinha, sendo necessária a mediação do professor no processo de aprendizagem.

Em segundo lugar, como a norma ortográfica é dotada de regularidades e irregularidades, deve ser dado um tratamento diferenciado a tais correspondências fonográficas. Durante muitos anos, o ensino da ortografia foi baseado exclusivamente no processo de memorização. Porém, é necessário que o professor leve os alunos a refletir sobre as regras ortográficas, além de levá-los a compreender que outras questões ortográficas dependem de memorização. O professor, como mediador nesse processo, pode facilitar a aprendizagem, levando os alunos a reelaborarem seus conhecimentos.

Isso significa dizer que não basta limitar o ensino de ortografia apenas aos momentos de revisão ortográfica de textos produzidos pelos alunos, de atividades de reescrita de palavras, por meio de ditados, entre outras. É necessário que o professor garanta momentos de trabalhos específicos com ortografia.

Observando o ensino da ortografia em turmas do 3º e do 4º ano do ensino fundamental, Melo (2010) evidenciou que as professoras tendiam a informar que trabalhavam ortografia todos os dias, porém, quando acompanhadas em sala de aula, era possível perceber que o trabalho estava limitado à correção de palavras notadas a partir de um ditado realizado pelas crianças, como é verificado no relato da observação de uma das aulas de uma professora do 4° ano de uma escola pública do Recife.

(A aula foi iniciada com um ditado: os próprios alunos ditavam as palavras que deveriam ser escritas. Posteriormente, cada aluno foi ao quadro e escreveu as palavras que foram ditadas. Enquanto escreviam, a professora ficava ao lado da criança. Em caso de dúvidas na escrita da palavra, ela falava a palavra pausadamente. Já em outros momentos, ela dizia o que estava errado na palavra para que o aluno corrigisse. Um dos alunos escreveu a palavra TRICOLOR sem o R final).

Professora – Coloque o R no final!

(Um aluno foi ao quadro e escreveu a palavra ÁRVORE sem o acento correspondente e a professora disse:)

Professora – E o acento?

(Outra aluna escreveu a palavra IRMÃ no lugar de irmão)

Professora – Coloque o O.

(a aluna acrescentou o O, apagou o til (~) que estava em cima da letra A e o posicionou entre o A e o O).

(Um aluno escreveu ARCOIRIS e a professora imediatamente pegou o pincel de quadro branco e falou:)

Professora – Tem um hífen!

(E colocou-o no local adequado e ainda acrescentou o acento).

Esse tipo de atividade realizada em sala de aula contribui para a não valorização da ação do aluno como sujeito de sua aprendizagem. É possível perceber que os alunos não são estimulados a desenvolver uma ação reflexiva sobre a sua escrita. Desse modo, não é possibilitada a construção dos conhecimentos das regras numa situação mediadora, pois escrever a forma "correta sobre a escrita do aluno não garante ao aprendiz um espaço de reflexão sobre a (orto)grafia como objeto do conhecimento" (LEITE, 2005, p. 116).

Para que o professor possa planejar seu trabalho com o objetivo de fazer o aluno refletir sobre a norma ortográfica, é importante, em primeiro lugar, entender o tipo de "erro" apresentado pelo seu aluno, o que pode levá-lo a compreender o que a criança já sabe sobre a norma e o que ela ainda precisa saber. Esse entendimento pode ser facilitado pela realização de um diagnóstico ortográfico.

Morais (2005) sugere a realização de um mapeamento da turma, por meio da utilização de ditados, nos quais as regras que se pretenda observar apareçam nas palavras, ou de escrita espontânea. Porém, alerta que essa última atividade, apesar de ser aquela em que os alunos apresentariam mais erros, não garantiria que todas as regras seriam evidenciadas no material produzido.

Desse modo, o professor identifica o que seus alunos já sabem sobre a ortografia e aquilo que eles ainda precisam saber. O mapeamento permite conhecer as dificuldades das crianças, individualmente, e da turma. Após o mapeamento, pode-se interpretar de forma mais segura os tipos de "erros" e elaborar um planejamento adequado para as necessidades da turma. Silva e Morais (2005) sugerem que é necessário organizar o estudo de modo a tratar separadamente as regularidades e irregularidades da norma ortográfica e que, além disso, o ensino sistemático de dificuldades distintas deve também acontecer em momentos distintos.

Melo (2010) perguntou a uma professora do 4º ano de uma escola pública como ela planejava o seu trabalho com ortografia, e ela respondeu que o planejamento dependia do tema que seria trabalhado na semana. A partir do depoimento dessa professora, percebemos que a falta de um diagnóstico inicial da turma dificulta o estabelecimento de metas no trabalho com ortografia. Eis o depoimento:

> *Quando eu vou trabalhar o tema da semana eu separo por regra. Tem semana que eu trabalho o SS, em outra trabalho o GU e em outra trabalho o RR. Mas às vezes, durante a semana, em outras atividades, eu percebo que os alunos não possuem dificuldades naquilo que eu queria trabalhar, aí eu troco.*

É importante que seja reservado um tempo para o trabalho mais específico de ortografia, porém, os momentos de reescrita dos textos e as demais atividades de produção escrita também devem configurar-se como oportunidades para reflexões sobre o sistema ortográfico, como podemos observar nos depoimentos de duas professoras do 4º ano (uma de uma escola particular e outra de uma escola pública do Recife), que afirmam explorarem ortografia não só durante uma aula específica, mas também quando percebem alguma dificuldade por parte dos alunos. Eis o que relataram:

> *Variavelmente, os alunos se apropriam de duas convenções ortográficas por mês. No entanto, o trabalho com ortografia também acontece no dia a dia, diante da dificuldade que o aluno apresentar* (Part. 4, entrevista).
>
> *Eu reservo um dia específico para ela. Mas trabalho a ortografia a semana toda, automaticamente. Quando se trabalha um texto, aparece uma palavra diferente e ainda quando eles escrevem palavras erradas. A ortografia é trabalhada diariamente* (Pub. 4, entrevista).

Concordamos que é fundamental o acompanhamento diário das dificuldades ortográficas que os alunos possam apresentar, mesmo em outras atividades que não sejam da área de língua portuguesa, como destacam as professoras. Porém, é preciso que esse acompanhamento não seja simplesmente a correção ortográfica das palavras, mas que haja também momentos de reflexão sobre o que os educandos pensam ao escreverem e reescreverem seus textos.

Além de mapear o que as crianças já sabem sobre ortografia e quais são suas dificuldades, é importante registrar os progressos dos alunos. Os registros devem ser realizados periodicamente e facilitam o acompanhamento da turma, permitindo que os objetivos do trabalho sejam redimensionados. Com base nesse mapeamento, é necessário que os docentes criem situações em que os alunos sejam estimulados a pensar, a refletir, a discutir e a explicitar o que sabem sobre a norma ortográfica da sua língua. Para criar tais situações, é sugerida, entre outras possibilidades, a atitude de "semear dúvida". Os alunos devem expressar suas dúvidas acerca de como se escrevem as palavras, assim como os professores devem incitá-los a tê-las: estimulando-os a duvidar do que estão escrevendo e colocando questões sobre dificuldades ortográficas. Deve-se "semear dúvida" mesmo quando os alunos estiverem notando determinada regra corretamente (Silva; Morais, 2005).

Reelaboração dos conhecimentos ortográficos

O aprendiz reelabora continuamente as informações sobre a escrita correta das palavras. É importante que o professor desenvolva atividades que possibilitem perceber o nível de conhecimento que a criança tem sobre a escrita, ou seja, sua capacidade de compreender os pontos de "dificuldades" da ortografia e como ela manipula esse conhecimento. Um exemplo dessa atividade pode ser observado em uma situação de pesquisa desenvolvida por Pessoa (2007), em que Júlia, aluna do 3º ano de uma escola particular da região metropolitana do Recife, é convidada a cometer erros intencionais, como relatado a seguir.

Durante um dos encontros, lancei um desafio para Júlia. Com base em uma produção de texto realizada anteriormente por Júlia, propus que ela imaginasse um aluno de outro país que não conseguia escrever bem o português. Nesse sentido, quando eu apontasse uma palavra, anteriormente escrita corretamente por Júlia, ela deveria pensar como a criança do outro país escreveria tal palavra.

Professora: Que palavra é essa que você escreveu aqui?

Júlia: Macarrão.

Professora: Como você imagina que o menino de outro país escreveria essa palavra?

Júlia: Macarão.

Professora: Qual é a diferença?

Júlia: Porque "macarrão" tem dois r e "macarão" só tem um.

Professora: E o que você poderia ensinar para que o menino não errasse mais?

> Júlia: Aprendendo português.
>
> Professora: Existe alguma regrinha que diga se é com um **r** ou dois **r**?
>
> Júlia: Existe.
>
> Professora: Qual é a regrinha?
>
> Júlia: É do português.
>
> Professora: E como você sabe quando usar um **r** ou dois?
>
> Júlia: Por causa do som.
>
> [...]
>
> Professora: E se eu escrever rato?
>
> Júlia: Um só.
>
> Professora: E aí não fica igual a esse som? (mostrando a palavra macarrão).
>
> Júlia: Fica.
>
> Professora: E daí? Como é que eu vou saber que rato não é com dois **r**?
>
> Júlia: Porque em rato o **r** é no começo. Não pode botar dois **r,** só pode botar no meio.
>
> Professora: No meio de quê?
>
> Júlia: Da palavra. Agora só pode ser assim: um **r** só tem som desse aqui no meio da palavra (apontando para a palavra com dois **r**) se tiver uma consoante em vez de uma vogal antes.
>
> [...]
>
> Professora: Se for entre duas vogais, é como?
>
> Júlia: Se botar um **r** fica "macarão".

Observando o relato acima, é possível evidenciar, desde a atividade de transgressão intencional, que Júlia consegue perceber um ponto de dificuldade para o suposto aprendiz, ou seja, ela aponta o uso do **r**, que é um caso de regularidade contextual. Essa atitude da criança pode demonstrar que ela tem algum conhecimento sobre o uso dessa regra, mesmo que ela não conseguisse verbalizá-lo. Porém, com a mediação do professor, a criança consegue verbalizar a regra em questão. No processo de ensino, é importante que o professor leve os alunos a tomar consciência sobre a escrita das palavras.

Segundo Karmiloff-Smith (1992), existem níveis de conhecimento distintos: implícito, explícito, explícito consciente e explícito consciente verbal. Nos dois primeiros níveis (implícito e explícito), o indivíduo não consegue manipular o conhecimento; no explícito consciente, existe uma manipulação consciente do conhecimento. Por exemplo, no caso da ortografia, o aprendiz nota corretamente palavras com base em uma mesma regra ortográfica (uso do **r** /**rr**, por exemplo), apesar de não conseguir verbalizar quando se deve usar o **r** ou o dígrafo. Apenas no nível explícito consciente verbal é que conseguiria verbalizar os porquês de determinado uso.

Como se pode observar acima, o fato de a criança não conseguir verbalizar determinada regra não significa que não tenha o conhecimento a respeito. O importante é fazer com que as crianças manipulem o conhecimento de forma consciente, pois quanto mais elaborado o conhecimento, melhor o desempenho ortográfico das crianças (PESSOA, 2007). Desse modo, é importante levar os aprendizes a redescrever (reelaborar) os conhecimentos ortográficos, por meio de reflexões baseadas na compreensão dos princípios gerativos da norma ortográfica (MELO, 1997; MOURA, 1999; MOURA; MORAIS, 1999; MORAIS, 1999; MELO, 2001).

Morais (1995) realizou estudos tentando observar a relação existente entre os erros e acertos apresentados pela criança ao escrever e o nível de conhecimento internamente elaborado por ela sobre a norma ortográfica. Partindo do modelo de Redescrição Representacional (RR), esse autor assumiu que, também no caso da ortografia, o aprendiz reelaboraria continuamente as informações sobre a escrita correta das palavras. Ainda como resultado desse estudo, os alunos com maior domínio ortográfico conseguiam inventar muito mais erros propositais na tarefa de transgressão. Isso demonstrava mais conhecimento explícito. Observou-se, ainda, que o desempenho das crianças na tarefa de transgressão também apresentava diferenciação quanto à sofisticação dos erros e quanto à quantidade de erros que a criança era capaz de produzir.

Foi possível concluir, ainda, que as crianças que possuíam um melhor desempenho ortográfico tinham conhecimentos elaborados em um nível mais alto (explícito consciente verbal), diferentemente das crianças com fraco desempenho ortográfico. Também concluiu que a verbalização de certas regras morfológico-gramaticais era mais difícil, mesmo para os alunos com bom desempenho ortográfico.

Compreendendo que o aprendiz já alfabetizado exerce diante da notação escrita de sua língua um ativo processo ao apropriar-se dela, Melo (1997), Moura e Morais (1999) e Melo (2001) desenvolveram estudos de intervenção, a fim de verificar a importância de levar as crianças a refletir conscientemente sobre a norma ortográfica. Esses estudos tendem a apontar que um melhor desempenho ortográfico pode ser obtido por meio de estratégias de ensino que levem o aprendiz a tomar consciência, em um nível explícito, das restrições regulares de nossa notação escrita.

Como o domínio de uma regra ortográfica não favorece, necessariamente, a aprendizagem de outra regra semelhante, é importante levar os alunos a descobrir e tentar explicitar, ainda que não verbalmente, as restrições regulares de cada regra. Defendemos um ensino sistemático de ortografia, porém, isso não significa que se deva enfatizar a memorização, mas, sim, estabelecer debates sobre os princípios gerativos da norma.

Defendemos, também, que a explicitação do conhecimento ortográfico em nível verbal seja um objetivo da escola, mas cremos que essa explicitação não deve ser utilizada como única forma de verificação de conhecimentos, visto que outras formas de explicitação são possíveis e demonstram que houve redescrição dos saberes ortográficos pelo aprendiz.

Concluindo...

Na organização do tempo pedagógico, é necessário reservar um espaço para o ensino sistemático da ortografia, a fim de facilitar a redescrição dos conhecimentos ortográficos por parte dos aprendizes.

No ensino da ortografia, os professores devem, em primeiro lugar, identificar as dificuldades e os conhecimentos que os alunos já têm, por meio da realização de um diagnóstico inicial. Posteriormente, um planejamento do trabalho deve ser realizado de modo a favorecer a redescrição dos conhecimentos ortográficos dos aprendizes e, por fim, deve ser realizado um registro dos progressos dos alunos para que os objetivos possam ser redimensionados.

É importante, também, que o professor realize atividades que possibilitem a reflexão dos alunos sobre as regularidades da língua, além de atividades que promovam, por parte do aluno, a compreensão da existência de irregularidades e a descoberta de como fazer para notar palavras irregularmente grafadas de forma adequada.

Referências

CURVELO, C. S. de S.; MEIRELES, E. de S.; CORREA, J. O conhecimento ortográfico da criança no jogo da forca. *Psicologia: Reflexão e Crítica*, Porto Alegre, v. 11, n. 3, 1998.

KARMILOFF-SMITH, A. *Beyound Modularity*: a Developmental Perspective on Cognitive Science. Cambridge, MA: MIT Press/Bradford Books, 1992.

LEITE, T. M. S. B. R. Jogos: alternativas didáticas para brincar alfabetizando (ou alfabetizar brincando?). In: MORAIS, A. G. de; ALBUQUERQUE, E. B. C.; LEAL, T. F. (Org.). *Alfabetização*: apropriação do sistema de escrita alfabético. Belo Horizonte: Autêntica, 2005. v. 1, p. 111-146.

MELO, A. A de. *O ensino da ortografia nos anos finais do ensino fundamental*. 2010. Trabalho de Conclusão de Curso. Graduação Pedagogia, Universidade Federal de Pernambuco, Recife, 2010.

MELO, J. P. de. *Alternativas didáticas para o ensino das regras ortográficas de tipo morfológico*: um estudo em didática da língua portuguesa. 2001. Dissertação (Mestrado), Universidade Federal de Pernambuco, Recife, 2001.

MELO, K. L. R. de. *Uma proposta alternativa para o ensino da ortografia*. 1997. Dissertação (Mestrado em Psicologia Cognitiva) – Pós-graduação em Psicologia, Universidade Federal de Pernambuco, Recife, 1997.

MORAIS, A. G. de. *Representaciones infantiles sobre la ortografía del português*. 1995. Tese (Doutorado em Psicologia do Ensino e da Aprendizagem), Universidad de Barcelona, Barcelona, 1995.

MORAIS, A. G. de. *Ortografia*: ensinar e aprender. São Paulo: Ática, 1998.

MORAIS, A. G. de. Ortografia como objeto de reflexão: quando o ensino ajuda o aprendiz a explicitar seus conhecimentos sobre a norma. In: REUNIÃO ANUAL DA ANPED, 21., Caxambu. *Anais...* Caxambu, 1999. p. 1-19.

MORAIS, A. G. de. O diagnóstico como instrumento para o planejamento do ensino de ortografia. In: SILVA, A. da; MORAIS, A. G. de; MELO, K. L. R. de (Org.). *Ortografia na sala de aula*. Belo Horizonte: Autêntica, 2005. p. 45-60.

MOURA, E. de. *Repensando o ensino e a aprendizagem da ortografia*. 1999. Monografia (Especialização em Ensino de Pré-Escolar a 4ª série), Universidade Federal de Pernambuco, Recife, 1999.

MOURA, E. de; MORAIS, A. G. Repensando o ensino e a aprendizagem da ortografia. In: ENCONTRO DE PESQUISA EDUCACIONAL DO NORDESTE, 14., 1999, Salvador. *Anais...* Salvador, 1999. (CD-ROM)

PESSOA, A. C. R. G. *Relação entre habilidades de reflexão metalinguística e o domínio da ortografia em crianças*. 2007. Tese (Doutorado em Educação), Universidade Federal de Pernambuco, Recife, 2007.

SILVA, A da; MORAIS, A. G. Ensinando ortografia na escola. In: SILVA, A. da; MORAIS, A. G. de; MELO, K. L. R. de (Org.). *Ortografia na sala de aula*. Belo Horizonte: Autêntica, 2005. p. 61-76.

Os autores

Abda Alves de Souza

É pedagoga e mestre em Educação pela Universidade Federal de Pernambuco (UFPE). Atua como docente dos cursos de Licenciatura na Universidade de Pernambuco (UPE) e é professora do Ensino Profissionalizante da Prefeitura do Recife. É também membro do Centro de Estudos em Educação e Linguagem (CEEL/UFPE), no qual atua na formação de professores e na assessoria pedagógica em escolas municipais. Possui experiência na área de Educação, com ênfase em alfabetização e ensino de linguagem nos anos iniciais do ensino fundamental.

E-mail: abda.alves@hotmail.com

Alexsandro Silva

É doutor em Educação pela Universidade Federal de Pernambuco (UFPE), com estágio de doutoramento no Institut National de Recherche Pédagogique (Paris – França). Atua como professor do Núcleo de Formação Docente e do Programa de Pós-Graduação em Educação do Centro Acadêmico do Agreste da UFPE. É também membro do Centro de Estudos em Educação e Linguagem (CEEL/UFPE). Tem experiência na área de Educação, com ênfase em ensino e aprendizagem da língua escrita na Educação Infantil e nos anos iniciais do ensino fundamental, dedicando-se, principalmente, aos seguintes temas: alfabetização; análise linguística; leitura e produção de textos.

E-mail: alexs-silva@uol.com.br

Ana Cláudia Rodrigues Gonçalves Pessoa

É doutora em Educação pela Universidade Federal de Pernambuco (UFPE). Atua como professora do Departamento de Métodos e Técnicas de Ensino do Centro de Educação da UFPE. É também coordenadora e pesquisadora do Centro de Estudos em Educação e Linguagem (CEEL/UFPE), onde desenvolve atividades de formação de professores e produção e análise de materiais didáticos (livros e jogos). Tem experiência na área de Educação, com ênfase em ensino-aprendizagem, pesquisando principalmente os seguintes temas: ortografia, habilidades metafonológicas e alfabetização.

E-mail: aclaudiapessoa@gmail.com

Ana Gabriela de Souza Seal

Pedagoga e mestre em Educação pela Universidade Federal de Pernambuco (UFPE), professora dos cursos de Licenciatura na Universidade Federal Rural do Semi-Árido (UFERSA). É membro do conselho do Centro de Estudos em Educação e Linguagem (CEEL). Desenvolve pesquisas sobre alfabetização e ensino da língua portuguesa. Orienta alunos do Programa de Educação Tutorial – Comunidades do Campo e do Programa Institucional de Bolsas de Iniciação à Docência, com temáticas relacionadas ao letramento digital. Tem participado, como formadora, de cursos de formação para professores de redes públicas de ensino em Pernambuco e no Rio Grande do Norte.

E-mail: anagseal@yahoo.com.br

Ana Lima

É professora do Departamento de Letras da Universidade Federal de Pernambuco (UFPE) e pesquisadora do Projeto da Norma Linguística Urbana Culta (Projeto NURC/Recife) e do Centro de Estudos em Educação e Linguagem (CEEL). Formou-se em Letras pela UFPE, fez mestrado em Línguas Românicas na University of Georgia (Estados Unidos) e doutorado em Linguística e Língua Portuguesa na Unesp, São Paulo. Tem participado, como coordenadora, professora e orientadora, de diversos cursos de pós-graduação e de formação para professores de língua portuguesa. Suas áreas de interesse são Sintaxe da Língua Portuguesa, Descrição Linguística e Estudo do Texto, nas quais tem publicado trabalhos e realizado pesquisas.

E-mail: jalaraujolima@uol.com.br

Beth Marcuschi

É doutora em Linguística, professora na graduação e na pós-graduação em Letras da Universidade Federal de Pernambuco (UFPE). É pesquisadora do Centro de Estudos em Educação e Linguagem (CEEL). Desenvolve estudos sobre "Produção de Texto: características, ensino, aprendizagem, avaliação e formação do professor"; "Livro didático de Língua Portuguesa"; "Gêneros textuais e ensino". Orientou várias dissertações de mestrado e teses de doutorado, sobretudo na linha de pesquisa "Linguagem, tecnologia e ensino". Organizou livros e publicou vários artigos em sua área de interesse. Tem participado, como coordenadora, professora e orientadora, de cursos de formação para professores da rede pública estadual e municipal de Pernambuco.

E-mail: beth.marcuschi@gmail.com

Cristina Teixeira

É doutora em Linguística, professora do curso de Comunicação Social e da Pós-graduação em Comunicação da Universidade Federal de Pernambuco. Orienta trabalhos ligados à linha Comunicação e Discurso. Desenvolve pesquisas sobre audiovisual, especialmente sobre documentário. É vice-coordenadora do curso de educação a distância "Mídias na Educação" (MEC/SEED/CAPES). Participa de cursos de formação para professores de redes públicas de ensino em diferentes estados brasileiros.

E-mail: cristinateixeiravm@gmail.com

Danielle da Mota Bastos

É mestre em Educação (linha de pesquisa: Educação e Linguagem) do Programa de Pós-Graduação da UFPE. É formada em Letras pela UFPE. Tem experiência na área de Letras e de Educação e realiza pesquisas sobre ensino de língua portuguesa, gramática e análise linguística. É professora efetiva de Língua Portuguesa da rede estadual de ensino e docente temporária do Departamento de Métodos e Técnicas de Ensino do Centro de Educação/UFPE. É também membro do Centro de Estudos em Educação e Linguagem (CEEL/UFPE) como formadora de professores dos ensinos fundamental e médio.

E-mail: daniellemb_pe@yahoo.com.br

Hérica Karina Cavalcanti de Lima

É doutoranda em Educação (linha de pesquisa: Educação e Linguagem) do Programa de Pós-Graduação da UFPE. Possui mestrado em Educação (linha de pesquisa: Didática de Conteúdos Específicos) por esse mesmo programa. É formada em Letras pela UPE/Campus Nazaré da Mata e especialista em Língua Portuguesa pela mesma instituição. Tem experiência na área de Letras e de Educação e realiza pesquisas sobre ensino de língua portuguesa e livro didático. É técnica em assuntos educacionais da UFPE e docente temporária dos cursos de Letras e Pedagogia da UFRPE. É também membro do Centro de Estudos em Educação e Linguagem (CEEL/UFPE).

E-mail: hkarinacl@yahoo.com.br

Leila Nascimento da Silva

É doutoranda em Educação pela Universidade Federal de Pernambuco (UFPE) e docente temporária do Departamento de Métodos e Técnicas de Ensino do Centro de Educação/UFPE. Atua também como coordenadora educacional da Prefeitura de Jaboatão dos Guararapes, docente da Universidade Estadual Vale do Acaraú (UVA/ISEAD) e membro do Centro de Estudos em Educação e Linguagem (CEEL/ UFPE). Tem participado de vários cursos de formação de professores de redes públicas de ensino, bem como de outros trabalhos técnicos relacionados à área. Desenvolve pesquisas sobre as estratégias didáticas utilizadas por professores no ensino da paragrafação e sobre as habilidades de produção textual das crianças.

E-mail: lewa10@yahoo.com.br

Lívia Suassuna

É doutora em Linguística pela Universidade Estadual de Campinas (Unicamp) e professora do Centro de Educação da Universidade Federal de Pernambuco (UFPE). Concentra seus estudos e pesquisas na área de Didática e Metodologia do Ensino de Língua Portuguesa e Literatura, dedicando-se ao seguintes temas: processos de ensino-aprendizagem de leitura, escrita e análise linguística nos níveis fundamental e médio; avaliação institucional e da aprendizagem; livros e materiais didáticos; formação de professores; linguística aplicada ao ensino de língua materna; currículo.

E-mail: livia.suassuna@ufpe.br

Renata Maria Barros Lessa de Andrade

É doutoranda em Educação pela Universidade Federal de Pernambuco (PPGE/UFPE). Atua como professora da rede municipal de Olinda. É também membro do Centro de Estudos em Educação e Linguagem (CEEL/UFPE). Desenvolve pesquisas sobre o ensino da língua portuguesa, sobretudo no eixo da produção de textos escritos, com ênfase na revisão textual. Tem ministrado cursos de formação continuada para professores de redes públicas municipais de Pernambuco.

E-mail: renat_lessa@yahoo.com.br

Sirlene Barbosa de Souza

É pedagoga e mestre em Educação pela Universidade Federal de Pernambuco (UFPE). Atua como professora do ensino fundamental na rede municipal de Olinda. É também membro do Centro de Estudos em Educação e Linguagem (CEEL/UFPE). Possui experiência na área de Educação, com ênfase em ensino e aprendizagem da língua escrita nos anos iniciais do ensino fundamental, com foco nos seguintes temas: análise linguística; leitura e produção de textos.

E-mail: sirlenesouza23@yahoo.com.br

Sulanita Bandeira da Cruz Santos

É doutoranda em Educação pela Universidade Federal de Pernambuco (UFPE). Atua como professora da Faculdade de Olinda (FOCCA), do Centro de Ensino Supletivo Poeta Joaquim Cardozo (CEJA) e como coordenadora de tutoria do curso de Letras a Distância da Universidade Federal Rural de Pernambuco (UFRPE). É membro do Centro de Estudos em Educação e Linguagem (CEEL/UFPE). Possui experiência em educação, com o foco no ensino de língua portuguesa dos ensinos fundamental, médio e de Educação de Jovens e Adultos (EJA). Dedica-se às pesquisas voltadas para análise de livros didáticos de língua portuguesa.

E-mail: sulaband@hotmail.com

Telma Ferraz Leal

É doutora em Psicologia, professora na graduação do curso de Pedagogia e na Pós-graduação em Educação da Universidade Federal de Pernambuco.Integra a equipe do Centro de Estudos em Educação e Linguagem (CEEL/UFPE). Desenvolve pesquisas sobre alfabetização e ensino da língua portuguesa. Orientou várias dissertações de mestrado e teses de doutorado na linha de pesquisa Educação e Linguagem. Organizou livros e publicou vários artigos em sua área de interesse. Tem participado, como coordenadora, professora e orientadora, de cursos de formação para professores de redes públicas de ensino em diferentes estados brasileiros.

E-mail: tfleal@terra.com.br

Este livro foi composto com tipografia Times New Roman e impresso
em papel Off Set 75 g/m² na Formato Artes Gráficas.